Taschenwissen für Erzieherinnen

Tiere und Pflanzen

Bernhard Lehnert

Illustrationen von
Renate Alf

Taschenwissen für Erzieherinnen

Tiere und Pflanzen

Bernhard Lehnert

Illustrationen von
Renate Alf

HERDER

FREIBURG · BASEL · WIEN

Bernhard Lehnert
ist Autor von Fachbeiträgen und Büchern zu pädagogischen und ökologischen Themen.

Renate Alf
ist mit ihren Cartoons, die in verschiedenen Büchern, Tageszeitungen und Zeitschriften (u. a. kindergarten heute) erscheinen, einem breiten Publikum bekannt.

Gedruckt auf umweltfreundlichem, chlorfrei gebleichtem Papier

Umschlaggestaltung:
Umschlag- und Textillustrationen: Renate Alf, Freiburg
Layoutentwurf und Produktion: Büro MAGENTA, Freiburg
Druck und Bindung: fgb freiburger graphische betriebe 2007
www.fgb.de

www.herder.de

ISBN 978-3-451-32052-1

Vorwort

Von dem Philosophen Arthur Schopenhauer (1788–1860) stammt die Erkenntnis: *»Jeder dumme Junge kann einen Käfer zertreten, aber alle Professoren der Welt können keinen herstellen.«* Auch der kleinste Käfer und die unscheinbarste Blüte sind Wunder des Lebens, die uns auf Schritt und Tritt, jeden Augenblick begegnen. Wir müssen nur die Augen auftun, um die erstaunliche Vielfalt der Lebewesen um uns herum und deren erstaunlichen Fähigkeiten und Anpassungen zu entdecken. Wann haben Sie zuletzt zeitvergessen das Aufblühen der Nachtkerze oder das filigrane Flechtwerk eines Radnetzes bestaunt?

In den über 60 Entdeckungsreisen dieses Buches zu Fauna und Flora erfahren Sie unter anderem, was Qualle und Schmetterling verbindet, wie ein Hexenring entsteht oder warum Glühwürmchen leuchten. Und ganz nebenbei werden Sie mit ökologischen Phänomenen und Zusammenhängen sowie deren naturwissenschaftlichen Fachbegriffen vertraut.

Spaß beim Schmökern und ebenso interessante wie spannende Naturschauspiele wünscht Ihnen Ihr

Bernhard Lehnert

Inhalt

Das ist ja tierisch:
Fauna

Das steckt uns in den Knochen:
Wirbeltiere

Ein Leben ohne Knochen:
Wirbellose Tiere

Was wächst denn da: Flora

Es grünt und blüht: Pflanzen

In der Erde verwurzelt: Bäume und Pilze

Was stimmt?

Das ist ja tierisch:

Fauna

Was ist ein Biotop?

Das Wort »*Biotop*« zählt zu den bekanntesten Begriffen des Naturschutzes, aber was bedeutet es? Wie viele wissenschaftliche Begriffe leitet sich »Biotop« aus dem Griechischen ab: »bios« für Leben, »topos« für Platz oder Raum. Ein Biotop ist die räumlich abgrenzbare Umwelt einer Lebensgemeinschaft, die aus mehr oder weniger vielen Pflanzen, Tieren und ihren wechselseitigen Beziehungen hervorgeht. Ein Biotop ist ein Ort des Lebens, ein Lebensraum. Der Begriff selbst ist wertfrei. Als Biotop bezeichnet man sowohl natürlich entstandene Landschaftsteile wie einen Bergwald oder eine Flussaue als auch vom Menschen geschaffene Landschaftselemente wie Gartenteich oder Trockenmauer.

Je nachdem wie weit man den Kreis der Lebewesen zieht, lässt sich ein Garten als ein einziges Biotop oder als eine Ansammlung, miteinander verknüpfter Biotope ansehen. Lebensräume mit unsichtbaren Grenzen, über die manche der Bewohner niemals hinauskommen. Ein altes Brett, im feuchten Schatten eines Strauches lose auf die Erde gelegt und nie wieder weggeräumt, wird zum Refugium für Pflanzen und Tiere; die lose aufgesetzte Steinmauer, in deren Fugen die Wildbienen die Eingänge zu ihren Gelegen mit Mörtel verfugen, ist ein Biotop; der Brennnesselwald in der Ecke, wo sich Scharen von Raupen dick und rund fressen, ist ein Biotop; der Moderstamm, auf dem dicke Moospolster wachsen und schillernde Käfer durch den Mulm stöbern, ist ein Biotop. Biotope überall, wohin wir schauen, wir müssen nur die Augen auftun. Biotope können aber auch eine sehr große Fläche einnehmen. So ist das Wattenmeer ein Biotop des Ökosystems Nordsee. Mehrere Biotope mitsamt den darin lebenden Tieren und Pflanzen und deren Interaktionen bilden ein Ökosystem.

Biotope sind die Bühnen der Naturschauspiele, für Komödien und Tragödien, für Krimis und Dramen. Biotop heißt nicht nur Blumenwiese oder Gartenteich, sondern ist die tägliche Ankunft des Unerwarteten, der sich wandelnden Formen und Farben, ein Mosaik kleinerer und größerer Welten, die uns teilhaben lassen an den Geschichten des Lebens um uns herum, am Geben und Nehmen, am Tarnen und Täuschen, am Fressen und Gefressenwerden, am Werden und Vergehen, am Kommen und Gehen.

Kreislauf der Nährstoffe

Alles Lebendige besteht in seinen festen, sichtbaren Formen nur eine begrenzte Zeit.

Wenn ein Lebewesen stirbt, gibt es sein bisheriges Wesen auf: es verwest. Eine riesige Umwandlungsmaschinerie setzt sich in Gang, die die vom Leben gebildete Ordnung auflöst. Neben Mistkäfer & Co. gibt es unzählige Miniaturlebewesen, die abgestorbene organische Bestandteile verwerten. Im Konzert des Lebens spielen die Verweser eine tragende Rolle, um den Strom des Lebens fließen zu lassen. Ohne sie wäre das Leben auf der Erde längst in Bergen von verrottendem Laub, Leichen, Kot und Knochen versunken. Aber wie von Zauberhand verschwindet seit Urzeiten der Biomüll. Heerscharen von Verwesern machen sich über ihn her und leben davon. Auf diese Weise halten sie den Erdboden sauber und sorgen durch ihre Fähigkeit, Biomasse zu mineralisieren, dafür, dass das Stoffwechselgleichgewicht aufrechterhalten wird und die Abfälle in Nährstoffe umgewandelt werden.

Das alles läuft nach Regularien ab, die sich in Jahrtausenden eingespielt haben. Feste Körper lösen sich auf und doch geht nicht ein Quäntchen von ihnen verloren. Sie zerfallen in winzige Bausteine, aus denen dann im unendlichen Wechselspiel der Natur andere Gestalten zusammengesetzt werden. Das Spiel des Lebens gleicht, vereinfacht gesagt, dem Spiel eines Kindes mit seinen Bausteinen, aus denen es ein Haus mit vielen Etagen, Räumen und Nebenräumen baut, um irgendwann etwas wegzunehmen, umzubauen, Neues hinzuzufügen oder um es ganz auseinander zu nehmen und etwas gänzlich Neues daraus zu bauen. Die mineralisierten Nährstoffe holen die Pflanzen mit ihren Wurzeln aus der Erde. Die Pflanzen werden von Tieren gefressen und diese wieder von anderen Lebewesen. Auch wir Menschen leben von Pflanzen und Tieren. So wandern die Bausteine von einem Lebewesen zum anderen, kehren in allem Abgestorbenen wieder in die Erde zurück und führen den Kreislauf des Lebens fort.

Wie viele Tierarten gibt es?

Tiere besiedeln nahezu jeden »Winkel« der Erde. Aristoteles hat um 330v. Chr. ungefähr 500 Tierarten beschrieben. Um 1760 führte Carl von Linné in der »Systema Naturae« schon 4376 Arten auf. Heute kann niemand mehr genau angeben, wie viele Tierarten bisher wissenschaftlich beschrieben wurden. Schätzungen schwanken zwischen 10 bis 50 Millionen und mehr. Mit den immer besseren technischen Möglichkeiten werden beinahe täglich neue Arten entdeckt.

Um Ordnung in diese Vielfalt zu bringen, wird jede Tierart einem bestimmten Tierstamm mit ganz spezifischen anatomischen Merkmalen zugeordnet: wie beispielsweise Schwämme, Nesseltiere, Plattwürmer, Weichtiere, Gliederfüßer, Stachelhäuter oder Wirbeltiere. Diese Stämme sind nochmals in Klassen, Ordnungen und Familien unterteilt, wie uns die Weinbergschnecke zeigt:

Stamm: *Weichtiere*

Klasse: *Schnecken* Klasse: Muscheln Klasse: Tintenfische

Ordnung: Wasserlungenschnecken Ordnung: *Landlungenschnecken*

Familie: Schließmundschnecken Familie: *Schnirkelschnecken* Familie: Wegschnecken

Art: *Weinbergschnecke*

Wie alt können Tiere werden?

Spricht man über das Alter von Tieren, muss man bedenken, dass Tiere, die in Tierparks oder als Haustiere leben, meist um Jahre älter werden als Tiere in der freien Wildbahn. Ein Storch beispielsweise kann in einem Vogelgehege etwa 70 Jahre alt werden. In der freien Natur lebt er ca. 20 Jahre. Besonders schwierig wird die Altersbestimmung bei Tieren, die älter als wir Menschen werden und in unzugänglichen Lebensräumen leben. So hat man erst vor wenigen Jahren und durch einen Zufall festgestellt, dass Grönlandwale über 200 Jahre alt werden. Auch Riesenschildkröten gehören, was die Lebenserwartung betrifft, mit 200 Jahre zu den Rekordhaltern unter den Tieren. Der Methusalem unter den Tieren ist mit mehr als 10.000 Jahre der Riesenschwamm (Scolymastra joubini), der am Meeresboden der Antarktis zuhause ist.

Bei den Säugetieren leben große Tiere generell länger als kleine. Zum einen, weil große Tiere weniger Fressfeinde fürchten müssen, zum andern, weil die »Lebensuhr« der Kleinen wesentlich schneller tickt als die der Großen. Der Puls einer Spitzmaus rast mit 600 Schlägen pro Minute, das Herz eines Elefanten pocht im selben Zeitraum nur etwa 30-mal. Im Verhältnis zu ihrer Körpermasse haben die Winzlinge eine große Körperoberfläche, durch die viel Wärme an die Umwelt abgegeben wird. Kreislauf und Stoffwechsel kleiner Tiere müssen daher ständig auf Hochtouren laufen, um die Lebensfunktionen aufrechtzuerhalten. Spitzmäuse und ihre Vettern tummeln sich etwa 2 Jahre und Elefanten bis zu 70 Jahren auf der Erde. Vögel haben im Durchschnitt eine höhere Lebenserwartung als gleich große Säugetiere. Winzlinge wie Amsel und Star können bis zu 20 Jahre alt werden, Papageien bis zu 70 Jahren und älter.

Bei Insekten wird die Altersbestimmung dadurch erschwert, dass die Larven meist gänzlich anders aussehen als die voll entwickelten Sechsbeiner. So ist z.B. die Eintagsfliege tatsächlich ein »Methusalem«. Wie andere Insekten ist auch sie eine Verwandlungskünstlerin, die sich mit zwei verschiedenen Körperhüllen auf der Bühne des Lebens tummelt. Vor ihrem kurzen fliegenden Dasein lebt sie als Larve meist gänzlich unbemerkt bis zu 3 Jahre im Wasser.

Wann lebten die Dinosaurier?

Die Dinosaurier lebten im *Mesozoikum*, dem sogenannten Erdmittelalter. Das Mesozoikum ist in drei Zeitperioden unterteilt. Die früheste ist die *Trias* (vor 250 bis 200 Millionen Jahren), bei deren Beginn es noch keine Dinosaurier gab, wohl aber schon Reptilien. Gegen Ende dieser Periode erschienen dann die ersten Dinosaurier, vorwiegend kleinwüchsige Fleischfresser, auf der Bühne des Lebens.

Auf die Trias folgte der *Jura* (vor 200 bis 145 Millionen Jahren). Der Jura war die Blütezeit der landlebenden Dinosaurier und brachte einige der größten Lebewesen hervor, die je die Erde bevölkerten: die Brachiosaurier waren im Durchschnitt etwa 23m lang, 13m hoch und wogen 40 Tonnen und mehr. In der letzten Periode, der *Kreidezeit* (vor 145 bis 65 Millionen Jahren), nahm die Artenvielfalt der Dinosaurier immer weiter zu, bis sie plötzlich ausstarben.

Im sogenannten Erdmittelalter lebten noch keine Menschen und die Erde sah noch ganz anders aus als in unserer Zeit. Im Mesozoikum war es viel wärmer und feuchter als heutzutage. Es gab keine polaren Eiskappen und auch witterungsbedingte oder jahreszeitliche Klimaschwankungen kamen nicht vor. Die Klimazonen waren fast während des gesamten Erdmittelalters unglaublich breit, das heißt, es herrschten am Polarkreis fast die gleichen Temperaturen wie am Äquator.

Warum gibt es in Afrika keine Eisbären?

Nur wenige Tierarten sind auf natürliche Weise weltweit verbreitet. Viele Tierarten hat der Mensch, wie beispielsweise Haustiere, über alle Kontinente verteilt. Zahlreiche Arten haben ein verhältnismäßig großes Verbreitungsgebiet, während andere Arten nur in einer einzigen Region vorkommen und dort auch nur in einem bestimmten Gebiet. Menschenaffen wie Schimpanse und Gorilla leben nur im afrikanischen Tropenwald. Koalabären sind typische Vertreter der australischen Fauna. Giraffen begegnet man nur in Afrika und Eisbären nur in der Arktis.

Alle Tiere brauchen zum Leben und Überleben ausreichend Nahrung und die Möglichkeit sich zu entwickeln und sich fortzupflanzen. Jede Tierart hat ihre Nische im Nahrungsangebot der Erde gefunden und sich an die jeweiligen klimatischen Bedingungen angepasst. So haben Eisbären eine dicke Fettschicht unter dem dichten Fell, die dafür sorgt, dass die Körperwärme gespeichert wird. Das Fell ist zudem Wasser abweisend. Das weiße Fell macht es ihnen möglich, sich in der verschneiten Landschaft ihrer Beute unbemerkt bis auf wenige Meter zu nähern. Der Blick hinter die Kulisse, sprich unter das weiße Deckfell, bringt ans Licht, dass der weiße Riese ein schwarzes Unterfell trägt. Das schwarze Unterfell wirkt wie ein Sonnenkollektor, der die Sonnenwärme einfängt und speichert. Eisbären sind von ihrer Anatomie her hervorragend für das Leben in den eisigen Gefilden der Arktis ausgestattet. Nur dort können sie leben und die Art überleben. Daher wird sich ein Eisbär nie freiwillig nach Afrika verlaufen.

Wie tickt die innere Uhr von Tieren?

Tiere kennen weder einen Kalender noch eine Uhr. Dennoch besitzen sie ein untrügliches Gefühl für die Zeit. Diese innere Uhr geht so genau, dass selbst wir Menschen uns in vielerlei Dingen an den Tieren orientieren können. Woher weiß ein Eichhörnchen, wann es damit beginnen muss, sich einen Futtervorrat für den Winter anzulegen? Woher wissen die Schwalben, wann sie in wärmere Gefilde fliegen müssen? Woher weiß das Rotkehlchen, dass es nicht im Goldenen Oktober mit dem Nestbau beginnt? Jede Tierart trägt ihr eigenes Zeitgeschehen in sich und schwingt in ihrer eigenen Weise mit den kosmischen Rhythmen wie den Bewegungen der Erde mit. Nahezu alle Lebensäußerungen sind an bestimmte Tages- und Jahreszeiten gekoppelt, die Nahrungsaufnahme, die Räuber-Beute-Beziehung, Fortpflanzung und Aufzucht der Jungen ebenso wie Ruhezeiten oder Wanderbewegungen.

Als Zeitimpulse wirken Umweltfaktoren wie Hell und Dunkel, Wärme und Kälte, Trockenheit und Regen, Nahrungsangebot oder akustische Signale von Artgenossen. Der wichtigste Zeitgeber ist der Licht-Dunkel-Wechsel im Verlauf eines Tages und im Jahreslauf. Die Tageslichtdauer ist der entscheidende Auslöser für den Aufbruch gen Süden bei den Schwalben. Den Tages- und Jahreszeitenrhythmus, d.h. den zeitlichen Änderungsverlauf der Umweltbedingungen haben die Tiere im Verlauf der Evolution genetisch fixiert. Durch die Synchronisation des Biorhythmus mit den periodisch wechselnden Umweltbedingungen ist der Organismus nicht wie ein Spielball den wechselnden Umweltverhältnissen ausgeliefert, da er sich vorausschauend auf die regelmäßigen Veränderungen der Umwelt einstellt.

***Beobachtungstipp**

Bienen haben einen ausgezeichneten Sinn für die Zeit. Er ermöglicht es ihnen, sich genau dann bei einer bestimmten Blütensorte einzufinden, wenn diese gerade Nektar spendet. Stellen Sie mehrere Tage lang ein Schälchen mit Zuckerwasser zu einer festgelegten Uhrzeit, z.B. von 12 bis 13 Uhr, an einen bestimmten Platz. Schon nach wenigen *Tagen* haben die Bienen verinnerlicht, dass nur zu einer bestimmten Zeit das Zuckerwasser an diesem Platz steht. Sie fliegen von nun an jeden Tag zur gleichen Zeit die Futterstelle an, auch dann, wenn Sie das Zuckerwasser einmal nicht servieren.

Was sind Kulturfolger?

Vögel haben Dichter und Poeten zu allerlei Versen inspiriert, doch nur der »Spatz vom Wallraffplatz« hat es zur eigenen Fernsehshow geschafft. Selbst auf der Spitze des höchsten deutschen Kirchturms, dem Ulmer Münster, thront ein Spatz mit einem Halm im Schnabel. In Redewendungen und im Repertoire der Schimpfwörter hat der Spatz so manches »Federchen« gelassen. Selbst »die Spatzen pfeifen es von den Dächern«, wenn wir verärgert über einen Mitmenschen die abwertende Titulierung »Spatzenhirn« gebrauchen oder uns über so manchen »Dreckspatz« aufregen. Andererseits tragen nicht wenige Chöre und Gesangsvereine mit Stolz diesen unmusikalischen Singvogel im Vereinsnamen, wie die bekannten Wiener Domspatzen.

Tatsächlich ist die Beziehung zwischen Spatz und Mensch eine ganz besondere, auch wenn wir davon heutzutage kaum etwas ahnen. Der Spatz, wie der Haussperling (*Passer domenicus*) landläufig genannt wird, stammt aus dem Vorderen Orient und ist Begleiter menschlicher Siedlungen seit dem Beginn des Ackerbaus, insbesondere des Getreideanbaus. Ein Vogel, der den Menschen als sogenannter *Kulturfolger* seit über 10.000 Jahren begleitet und mit unseren Ackerbau treibenden Vorfahren die Steppen Vorderasiens verließ. Als Geleitvogel des Menschen wurde er mit den großen europäischen Auswanderungswellen im 19. Jahrhundert unbeabsichtigt in Australien, sowie in Süd- und Nordamerika eingebürgert und besiedelt heute mit Ausnahme der arktischen Regionen und der Tropen fast alle Erdteile. Wie keine andere Vogelart hat sich der Haussperling an das Leben in menschlichen Siedlungen angepasst. Wo Menschen wohnen, leben auch Spatzen – wo Spatzen wohnen, leben auch Menschen.

Eine Hand wäscht die andere

In jedem Garten kann man Ameisen beobachten, die sich in schwarzen Blattlauskolonien tummeln und sich an deren Honigtau gütlich tun. Die Ameisen gelangen an den Honigtau wie wir an die Milch. Die Ameise »melkt« die Blattlaus! Dabei streichelt sie der Blattlaus so lange mit den Fühlern über den Rücken, bis die Blattlaus einen kleinen Tropfen Honigtau ausscheidet. Mit diesen Süßspeisenlieferanten gehen die Ameisen sorgsam um. Sie beschützen sie und vertreiben alle Insekten, die ihren Blattläusen zu nahe kommen. Viele Ameisen haben sich auf diese Weise zu richtigen »Viehzüchtern« entwickelt. Solche Partnerschaften zwischen artverschiedenen Lebewesen zum gegenseitigen Nutzen nennt man *Symbiose* (griechisch: Symbiosis = das Zusammenleben). Den größeren von zwei Symbiosepartnern nennt man *Wirt*, den kleineren *Symbiont*.

Solch symbiotische Beziehungen sind nicht die Ausnahme, sondern begegnen uns überall in der Natur. Da wären beispielsweise die Putzerfische, die sich an Großfische wie Haie oder an Schildkröten heften und deren Hautparasiten fressen, Blütenpflanzen, die nur von bestimmten Tieren bestäubt werden können, oder Darmbakterien, die bei Wiederkäuern den Aufschluss zellulosereicher Pflanzennahrung ermöglichen.

Falscher Wespenalarm

»*Vorsicht, eine Wespe!*« Mit diesem Ruf schlagen viele Menschen panikartig um sich, sobald ein gelb-schwarz gestreiftes Insekt sie umschwirrt. Oft handelt es sich dabei gar nicht um eine Wespe, sondern um eine harmlose Schwebfliege. Die hat mit dem auffälligen Streifenmuster erreicht, was sie wollte: Sie wird für ein gefährliches Tier gehalten. Natürlich hat sie das nicht getan, um Menschen zu erschrecken. Die wahre Zielgruppe dieser Täuschung sind Vögel, die eine Fliege als einen Leckerbissen ansehen, eine Wespe dagegen nicht als appetitliches Häppchen auf ihrem Speiseplan führen, weil sie um deren schmerzhaften und giftigen Stachel wissen.

Giftige und ungenießbare Arten tragen oft eine auffallende Färbung, eine sogenannte *Warntracht*. Sie sind so auffällig gefärbt, dass sie nicht zu übersehen sind. Die Farbmuster gelb-schwarz und rot-schwarz sind in der Tierwelt allgemein bekannte Signalfarben, die Gefahr anzeigen: Warnfarben also, die unübersehbar in die Welt hinaus posaunen »*Achtung giftig und ungenießbar!*«. Wespen, Hornissen oder Salamander tragen diese Warnfarben. So lernen Fressfeinde, dass sie besser von ihnen fernbleiben, wollen sie nicht gestochen werden oder sich den Magen verderben. Viele harmlose Tiere haben sich eine ähnliche Warntracht zugelegt und machen möglichen Angreifern vor, dass sie gleichermaßen stechen können oder giftig sind. Mit der Scheintracht profitieren die Nachahmer von der Farbdressur der Fressfeinde und erhöhen so ihre Überlebenschancen.

Wenn eine harmlose Art die Gestalt, Farbe oder Bewegung einer giftigen oder wehrhaften Art zum eigenen Vorteil nachahmt, spricht man von *Mimikry*. Doch einen vollkommenen Schutz vor Feinden bietet diese Scheintracht den Nachahmern nicht. Besonders wenn der Mensch ins Spiel kommt, wird aus der vermeintlichen Tarnung schnell ein todbringender Nachteil. Nicht wenige der harmlosen Schwebfliegen und Hornissenschwärmer fallen jeden Sommer wild um sich schlagenden Menschen zum Opfer.

Nur nicht auffallen!

Wie im Märchen vom Wolf und den sieben Geißlein, wo der Wolf mit allerlei Täuschungsmanöver den Geißlein vorgaukelt, er sei jemand ganz anderes, so haben sich viele Tiere darauf spezialisiert, mithilfe der Nachahmung Jäger oder Beute zu täuschen. Für viele Tiere kann es tödliche Folgen haben, wenn sie gesehen werden. Wer nicht gesehen werden will, legt sich eine Tarnung zu. Eine erfolgreiche Methode der Tarnung besteht darin, nicht aufzufallen. Unzählige Tiere haben im Überlebenskampf gelernt ihren Verfolgern zu entkommen, wenn sie vorgeben, etwas anderes zu sein und tatsächlich wie etwas anderes aussehen. Die meisten Tiere tarnen sich, indem sie sich ihrer Umgebung so perfekt wie möglich anpassen. Dabei kommt es nicht darauf an, völlig unsichtbar zu werden, sondern vielmehr, leblos und damit uninteressant zu erscheinen. Das Phänomen, wenn ein getarntes Tier nicht von der Umgebung zu unterscheiden ist, nennt man *Mimese*.

Zu den besten Imitatoren zählen Insekten, die im Laufe der Evolution eine Körperform entwickelt haben, die dem Stängel oder Blatt einer Wirtspflanze so täuschend ähnelt, dass man das Tier oft nicht einmal sieht, auch wenn man weiß, dass es direkt vor einem sitzt. So sehen Stabheuschrecken aus wie dürre, zerbrechliche Äste. Anglerfische, wie der Seeteufel, machen sich die *Scheintracht* für ihre eigenen Zwecke zunutze, indem sie anderen Fischen vermeintlich leichte Beute darbieten. Ähnlich einem mit Algen überwucherten Stein liegt der Seeteufel fast unsichtbar und regungslos am Meeresboden. An dem zu einer »Angel« ausgebildeten ersten Rückenflossenstrahl befindet sich ein Hautanhängsel, welches unmittelbar vor dem riesigen Maul hängt und das er wie einen Wurm bewegen kann, um andere Fische anzulocken.

Hand- und Schnabelwerker

Lange Zeit hat man geglaubt, nur Menschen seien in der Lage, Werkzeuge zu benutzen, aber mittlerweile weiß man, dass Tiere dies ebenfalls können. So knackt der Fischotter widerspenstige Muscheln mit einem Stein, den er als Hammer gebraucht, Bonobos benutzen große Blätter als Regenschirme, Schimpansen bohren bei der Mundpflege mit kleinen Stöcken zwischen den Zähnen, angeln nach unerreichbaren Früchten mit langen Ästen oder gebrauchen Steine als Hammer und Amboss, um hartschalige Palmnüsse zu knacken.

Unter Werkzeuggebrauch versteht man die Anwendung externer Objekte zur Erweiterung der Funktionen des eigenen Körpers, um ein unmittelbares Ziel zu erreichen. Der Werkzeuggebrauch setzt die erkennende Auseinandersetzung mit der Umwelt voraus, zu der geistige Leistungen wie Verständnis, Einsicht und Planung nötig sind. Doch nicht nur Primaten und Säugetiere benutzen Werkzeuge, wenn ihre Anatomie es ihnen ermöglicht, Gegenstände festzuhalten und zu manipulieren. Je genauer Biologen die Lebensweise anderer Tierarten studieren, um so überraschender die Erkenntnis, dass es Vögel sind, die es verstehen Werkzeuge geschickt anzuwenden und selbst in der Kunst der Werkzeugherstellung regelrechte Feinmechaniker sind. So stochern Spechtfinken mit Hilfe eines abgebrochenen Kaktusdorns in Hohlräumen nach Larven, die sie mit dem Schnabel alleine nie erreichen würden. Dabei wählen sie aus einem angefertigten Dornvorrat vorab den Dorn mit der richtigen Länge aus. Herausragende Handwerksfähigkeiten stellen immer wieder Rabenvögel unter Beweis. Krähen benutzen Autos als Nussknacker, indem sie dem an Ampeln wartenden Verkehr Nüsse auf die Fahrbahn legen. Andere Krähen stellen sich selbst Werkzeuge her, indem sie mit ihren Schnäbeln bestimmte Palmblätter passgenau zuschneiden und sogar Drähte zurechtbiegen, um mit den entstandenen Haken kompliziert versteckte Nahrung zu erreichen. Von wegen »Spatzenhirn«, Vögel sind offensichtlich cleverer als landläufig angenommen.

* Was stimmt?

1. *Aus welcher der drei Klassen stammt wohl das größte Weichtier?* **A:** Schnecken **B:** Muscheln **C:** Tintenfische

2. *Wie alt werden Eintagsfliegen?* **A:** wenige Stunden bis zu einem Tag **B:** 1 Woche **C:** mehrere Jahre?

3. *In welchem Erdzeitalter lebten die Dinosaurier?*
A: Erdmittelalter **B:** Erdneuzeit

4. *Lebten zur Zeit der Dinosaurier schon Menschen auf der Erde?*
A: Ja **B:** Nein

5. *Welche Vögel sind wohl sogenannte Kulturfolger?*
A: Storch **B:** Taube **C:** Dompfaff **D:** Turmfalke **E:** Blaumeise

6. *Welche Partner gehen wohl eine Versorgungsgemeinschaft zum gegenseitigen Nutzen ein? Ordnen Sie zu: Hummel, Clownfisch, Madenhacker, Birkenröhrling.*
A: Nashorn **B:** Seenelke **C:** Birke **D:** Rotklee

7. *Wenn ein Tier seine Körperform so der Umwelt anpasst, dass es kaum mehr von der Umgebung zu unterscheiden ist, nennt man dies in der Fachsprache:*
A: Mimikry? **B:** Mimese?

8. *Was ist der entscheidende Auslöser für das Zugverhalten der Schwalben im Herbst?*
A: Tageslichtdauer **B:** sinkende Tagestemperatur

9. *Was ist Honigtau?*
A: Blütennektar **B:** Ausscheidung von Läusen

Das steckt uns in den Knochen:

Wirbeltiere

Gleichwarme und wechselwarme Tiere

Eidechsen und Schlangen sind flinke Tiere. Man muss schon Geduld haben, wenn man sie beobachten will. Beide Arten sind wechselwarme Tiere. Als wechselwarm bezeichnet man Tiere, die keine konstante Körpertemperatur beibehalten. Die meisten Tiere sind wechselwarm wie Fische, Reptilien, Amphibien oder Insekten. Ihre Körpertemperatur entspricht in etwa der Umgebungstemperatur. Schlangen und Eidechsen können durch ihr Verhalten die Körpertemperatur beeinflussen. Sie suchen dazu gezielt sonnige Plätze auf. Staatenbildende Insekten, wie Ameisen oder Bienen, sorgen in der warmen Jahreszeit in Bau und Stock durch Lüftung oder Flügelschlag für Kühlung und erzeugen in der kalten Jahreszeit Wärme durch Muskelzittern.

Dagegen haben gleichwarme Tiere eine konstante Körpertemperatur. Der Nachteil hierbei ist, dass sie sehr viel Energie in Form von Nahrung zuführen müssen, um die Körperfunktionen aufrechtzuerhalten. Diese Tiere haben dadurch allerdings den Vorteil, Tag und Nacht bei jeder Temperatur nach Futter suchen oder jagen zu können. Dies macht sie den wechselwarmen Tieren im Bezug auf die Futtersuche überlegen. Zu den gleichwarmen Tieren zählen Säugetiere und Vögel. Wechselwarme Tiere müssen im Vergleich zu den gleichwarmen Tieren sehr viel weniger Nahrung aufnehmen. Ein gleichwarmes Tier benötigt bei gleicher Größe das 6 bis 10-fache an Futter wie ein wechselwarmes Tier.

***Winterschlaf**

Winterschlaf halten nur gleichwarme Tiere wie der Igel, da das Nahrungsangebot in der kalten Jahreszeit nicht ausreichend ist. Alle Körperfunktionen befinden sich auf Sparflamme.
Die Körpertemperatur sinkt bis auf 5 Grad Celsius und das Herz schlägt nur noch zwei- bis dreimal pro Minute. Die Winterschläfer zehren von den Fettreserven, die sie sich im Herbst angefressen haben. Beim Aufwachen wird der Körper durch Muskelzittern, ähnlich dem Schüttelfrost, wieder auf Normaltemperatur gebracht.

Was sind Nesthocker und was sind Nestflüchter?

Die Begriffe Nesthocker und Nestflüchter bezeichnen einen bestimmten Entwicklungsstatus der Jungtiere von Wirbeltieren. Frühling und Sommer ist die Zeit der Nesthäkchen und der Ausreißer. Wie

viele kleinere Säugetiere kommen Katze und Maus noch relativ unentwickelt zur Welt. Sie sind völlig hilflos, da sie sich nicht fortbewegen können und ihre Sinneswahrnehmungen noch nicht ausgereift sind. Auch die Jungen der meisten Vogelarten liegen zuerst nackt, blind und hilflos im Nest und erinnern im Aussehen an kleine Drachen. Man spricht von Nesthockern, da sie wegen ihrer Hilflosigkeit wochen- oder monatelang an das Nest gebunden sind.

Die flauschigen Enten und Hühnerküken haben sich schon im Ei so weit entwickelt, dass sie nach dem Schlüpfen aus der Eischale weitestgehend für sich selber sorgen können. Kaum ist das Daunenmäntelchen getrocknet, verlassen sie mit tapsigen Schritten das Nest, um zwischen Grashalmen nach Essbarem zu picken, als ob sie nie etwas anderes gemacht hätten. Mutter ist nur da, um sie zu beschützen, sie gibt Anweisungen und schlägt Alarm, wenn Gefahr droht. Nestflüchter nennt man diesen Geburtsstatus. Nestflüchter kommen sehr weit entwickelt zur Welt und können unmittelbar nach der Geburt auf eigenen Beinen stehen. Auch so große Säuger wie Huftiere und Wale sind Nestflüchter. Elefantenjunge können schon wenige Stunden nach der Geburt mit der Herde mitlaufen, sind aber noch auf eine enge Mutter-Kind-Beziehung angewiesen. Sie werden bis zum Alter von zwei Jahren gesäugt und es dauert etwa sieben Jahre, bis sie die Regeln des sozialen Miteinanders gelernt haben.

Die meisten Fische und Reptilien sind von Geburt an selbstständig. Der größte Teil der zum Überleben notwendigen Fähigkeiten ist ihnen angeboren und sie müssen bis auf wenige Ausnahmen nichts von ihren Eltern lernen. Wenn die Jungtiere schlüpfen, sind sie bei der Nahrungssuche und dem reaktiven Verhalten gegenüber Jägern allein auf sich selbst gestellt. Nestflüchter par excellence sind Schildkröten. Schildkröten haben mit dem Ablegen der Eier ihre Mutteraufgabe erledigt. Die geschlüpften Jungtiere müssen sich allein in der Welt behaupten.

Who is who?

Es gibt Lebewesen, bei denen man als Laie nicht genau weiß, was für Tiere es sind. Ist die Blindschleiche z.B. eine Schlange oder gehört sie zu den Echsen? Im Gegensatz zu den Schlangen haben Blindschleichen Augenlider, die sie bewegen können. Bei Schlangen sind die Augen immer offen, weil sie keine Lider haben.

Oder ist das Seepferdchen ein Fisch, ein Schalentier oder sind die schwimmenden Fragezeichen eine eigene Art? Die Seepferdchen fallen besonders durch ihr Aussehen auf. Kopf und Hals ähneln dem eines Pferdes, ihr Hinterleib einer sich krümmenden Raupe. Von ihrem Aussehen leitet sich der wissenschaftliche Name, *Hippocampus*, die »Pferderaupe« ab. Auch sonst sind es eigenartige Tiere: die Stummelflossen wecken Assoziationen an Drachenflügel, die Augen können sie unabhängig voneinander bewegen, wie ein Chamäleon, und den Schwanz benutzen sie wie Affen als Greifarm.

Auch wenn sie überhaupt nicht so aussehen und sich auch anders verhalten, Seepferdchen sind Fische. Sie gehören zu den schuppenlosen Knochenfischen, die mit anderen skurril aussehenden Fischen die Familie der *Seenadeln* bilden. Es gibt etwa 50 Arten, die vorwiegend in warmen Meeren leben. Diese kann man in Langschnäuzige und Kurzschnäuzige Seepferdchen, Riesenseepferdchen und Zwergseepferdchen unterteilen. Es gibt gelbe, rote, braune, schwarze und gemusterte Seepferdchen, die je nach Laune die Körperfärbung wechseln können. Ungewöhnlich ist auch ihre Körperhaltung. Sie schweben aufrecht im Wasser und schwimmen nicht waagerecht wie die meisten Fische. Mit der kleinen Rükkenflosse und den beiden winzigen Brustflossen sind sie in der Lage rückwärts, vorwärts, nach oben, nach unten und auch seitwärts zu schwimmen, ohne dabei die Balance zu verlieren. Auch ihre Schwanzflosse sieht nicht aus wie die anderer Fische, sondern ist in einen Greifschwanz umgewandelt, mit dem sich die Tiere an Pflanzen festhalten, um nicht von der Strömung abgetrieben zu werden. Sie leben nur in strömungsarmen Gewässern und halten sich dort in seichten Seegraswiesen auf. Auch was das Brutverhalten betrifft, fallen die Seepferde aus der »Rolle«. Wo sonst im Tierreich trägt das Männchen in einem känguruartigen Beutel den Nachwuchs aus?

Trachtenwechsel

Fressen und Gefressenwerden, Tarnen und Täuschen, fast alles im Tierreich dreht sich um diese beiden Strategien im Kampf ums Dasein. Manche Tiere benutzen dabei das Tarnen und Täuschen als List, um sich vor Fressfeinden in Sicherheit zu bringen. Andere verwenden diese Mittel, um sich auf der Jagd nach Beute günstige Ausgangspositionen zu verschaffen. Aber immer geht es darum, mithilfe von Maskeraden und Verkleidungen andere Lebewesen in die Irre zu führen und sich selbst einen überlebenswichtigen Vorteil zu verschaffen.

Farbe als Mittel zur Tarnung hat im Tierreich eine enorme Bedeutung. Die meisten Tiere haben sich auf einen bestimmten Lebensraum eingestellt und behalten die sogenannte *Umgebungstracht* ein Leben lang bei, wie z.B. der Eisbär. Tiere, wie Schneehase, Hermelin und Polarfuchs wechseln ihr Aussehen je nach Jahreszeit, so dass in der Schneelandschaft nur noch die dunklen Augenpunkte zu sehen sind. Es gibt aber auch Tiere, wie das Chamäleon, die als Anpassung an ihre Umwelt ihre Körperfärbung innerhalb weniger Minuten wechseln können, um bei einem Ortswechsel nicht aufzufallen. Auch die Plattfische sind perfekte Illusionisten, die es verstehen, ihr Schuppenkleid dem sandigen Meeresboden bis aufs kleinste Sandkorn anzupassen. Die Flunder kann das Muster und die Farbe des Untergrundes auf ihrem Körper spiegeln. Bei feinem Sand ist das Farbmuster auf ihrer Haut feinkörnig, liegt sie auf grobem Schotter, ist das fleckige Tarnmuster auf der Haut grob gerastert. Tintenfische sind wahre Meister im Kostümwechsel, da sie in Sekundenschnelle die Körperfarbe und sogar die Oberflächenstruktur ihrer Haut so verändern können, dass sie von einem unregelmäßigem Stück Koralle oder Felsen kaum zu unterscheiden sind.

Hase oder Kaninchen?

Der Feldhase (Lepus europaeus) ist eine unserer beliebtesten Tierarten. Mümmelmann, Langohr, Meister Lampe, für kaum ein anderes Tier haben die Menschen so viele Beinamen gefunden, wie für den Feldhasen. Überall wo er heimisch ist, ist er Symbol für Frühling und Fruchtbarkeit. Der Feldhase ist kein Nagetier, wie fälschlicherweise wegen seiner kräftigen Schneidezähne angenommen wird, sondern gehört zoologisch zur Ordnung der *Hasentiere.* Er ist unser größtes, Wiesen bewohnendes Säugetier, kann etwa 60cm lang, 6 kg schwer und bis zu 12 Jahre alt werden. Sein Fell ist ganzjährig braun und auf der Bauchseite weiß gefärbt. Hasen leben auf Feldern und Wiesen, sind dämmerungs- und nachtaktiv und halten sich tagsüber zwischen Grasbüscheln, in der »*Sasse*«, versteckt.

Nicht selten wird der Feldhase mit dem Wildkaninchen verwechselt, das Dämme und Böschungen untergräbt und sich regional zu einer »Plage« entwickelt hat. Feldhasen sind größer und schlanker, haben längere Beine und längere Ohren, die an der Spitze schwarz gefärbt sind. Obwohl sich ein Feldhase nicht nur durch seine längeren Löffel von einem Kaninchen unterscheidet, ist für den überraschten Beobachter nicht immer klar, welches der beiden Tiere gerade davon hoppelt. Es gibt ein untrügliches Erkennungszeichen: beim laufenden Kaninchen wippt der Schwanz, die »*Blume*«, in einem fort auf und ab und blinkt weit sichtbar mit der weißen Unterseite. Der Feldhase hingegen hält seinen Schwanz beim Sprint ruhig.

Warum hat der Feldhase so große Ohren?

Oft verrät schon die Form und Größe der Sinnesorgane, wie sich welche Tierart bevorzugt in der Welt orientiert. Auffällig groß sind die langen Löffelohren der Hasen. Ohrmuscheln funktionieren wie Trichter, die Schallwellen einfangen, bündeln und in den Gehörgang zum Trommelfell weiterleiten. Viele Tiere verfügen über bessere Lauscher als wir. Feldhasen besitzen Ohrmuscheln, deren Form im Tierreich häufiger anzutreffen ist. Da Hasen viele Feinde haben, die sich aus der Luft oder auf leisen Sohlen nähern wie der Fuchs, ist es für Meister Lampe überlebenswichtig, mit seinen Löffelohren möglichst viele Geräusche einzufangen, um schnell erkennen zu können, woher Gefahr droht.

Dass man mit großen Ohrmuscheln besser hört, wissen wir alle aus Erfahrung. Bei schlechten Hörgelegenheiten vergrößern wir oft unbewusst unsere Ohrmuscheln, indem wir die Hände wie Satellitenschüsseln hinter die Ohren halten. Wie gut man mit solch großen Trichterohren hört, können Sie ausprobieren, wenn Sie eine alte Zeitung zu einem kegelförmigen Hörrohr aufrollen. Wenn Sie nun das Hörrohr mit der kleinen Öffnung an Ihr Ohr halten, können Sie »Mäuschen« sein und auch leisen Gesprächen aus einigen Metern Entfernung lauschen.

***Hasenfuß**

Der wehrlose Feldhase ist vor allem ein vorsichtiges und trickreiches Tier und alles andere als ein Hasenfuß. Er ist gewitzt genug, um auf der eigenen Spur zurückzulaufen oder mit meterweiten Sprüngen und Richtungswechseln falsche Fährten zu legen und schreckt auch nicht davor zurück, notfalls schwimmend, Gewässer zu durchqueren.

Nicht anfassen!

Feldhasen bringen im Jahr drei bis vier Würfe zur Welt. Die Anzahl der Jungen schwankt zwischen einem und fünf. Sie werden bereits mit dichtem Fell, offenen Augen und Zähnchen geboren. Schon in den ersten Tagen hoppeln sie um die mit Hasenwolle ausgepolsterte Sasse. Im Gegensatz zu den kleineren Kaninchen sind die Feldhäschen Nestflüchter. Bereits nach drei Wochen sind sie selbstständig, nach weiteren sechs Monaten erwachsen.

Verlässt die Häsin die Sasse zum Futtern, liegen die Jungen augenblicklich unbeweglich wie Stofftiere bis zu deren Rückkehr in der Sasse. Ihr rötlich-braun gemustertes Fell macht sie auf dem erdig, welken Untergrund fast unsichtbar. So werden selbst die scharfen »Adleraugen« der Greifvögel, die auf Bewegung programmiert sind, überlistet. Nasenspezialisten wie Fuchs und Dachs haben bei der Pirsch schlechte Karten, da an den Jungen kein Eigengeruch haftet und sie völlig geruchlos sind. Ihr Schutz ist passiv, aber wirksam: nur nicht auffallen!

Wenn Sie durch Zufall Junghasen scheinbar verlassen in der Wiese finden, dürfen Sie diese niemals anfassen. Selbst mit dem zartesten Berührungskontakt bleibt der menschliche Geruch im Fell haften und würde die Häsin vertreiben. Schauen Sie sich deshalb die Kleinen ohne anzufassen kurz an und entfernen Sie sich ausreichend weit von der Sasse, damit die Häsin zu den Jungen zurückkehrt.

Warum leuchten Tieraugen nachts?

Werden Katzenaugen nachts von einem Scheinwerfer angestrahlt, leuchten die Augen hell auf. Die Augen leuchten, weil das Licht der Lampe von einer reflektierenden Schicht im Auge zurückgeworfen wird. Die Schicht besteht aus mikroskopisch kleinen Guanin-Kristallen. Da die Kristallschicht hinter der Netzhaut liegt, wird das Licht gespiegelt und trifft ein zweites Mal auf die Netzhaut. Die Lichtspiegelung bewirkt eine doppelt helle Bildwahrnehmung auf den Sehzellen. Das ist auch der Grund, warum nachtaktive Tiere im Dunkeln noch gut und scharf sehen können.

In unserer Automobilgesellschaft wird dieser Umstand vielen Tieren und manchen Autofahrern zum Verhängnis. Wird beispielsweise ein Reh beim Überqueren der Straße von den Autoscheinwerfern erfasst, bleibt es wie angewurzelt stehen, weil es nichts mehr sieht. Schuld daran ist das Scheinwerfer-

***Blinkzeichen**

Vor allem an sonnigen Tagen kann man an stehenden Gewässern die silbrigen »Blinkzeichen« schwimmender Fische beobachten. Auch die Schuppen von Fischen sind mit Guanin-Kristallen verspiegelt. Der Spiegelglanz schützt die Fische vor Fressfeinden.

licht des Autos. Es blendet die lichtempfindlichen Augen des Rehs. Nach ein paar Sekunden haben seine Augen sich an das helle Licht gewöhnt, und es wird weiterlaufen, falls das Auto nicht zu schnell für das Reh unterwegs war.

»Wassergiraffen«

Fressen und Gefressenwerden von wild lebenden Tieren spielt sich für uns Menschen meistens im Verborgenen ab. Besonders deutlich wird dies beim Element Wasser. Wir sehen zwar, wenn Enten oder andere Wasservögel untertauchen, aber das eigentliche Geschehen in der Unterwasserwelt ist nicht zu erkennen. Doch Form und Größe des Körpers, insbesondere anatomische Besonderheiten der Tiere, verraten vieles über die Nahrungssuche und das Fressverhalten. Schwäne sind unsere größten Entenvögel. Zoologisch sind sie Gänse mit einem auffallend verlängerten Hals.

Flache Gewässer mit dichtem Pflanzenbewuchs und viel Kleingetier sind wahre Gründelparadiese für all jene Entenvögel, die nicht tauchen können. Im tiefer werdenden Wasser können Schwimmenten, Gänse und Schwäne nur dort gründeln, wo ihr Schnabel noch den Boden erreicht. Bis zu einer Wassertiefe von einem Meter kann ein Schwan noch gründeln. Der Hals der Schwäne ist ein Paradebeispiel für die erfolgreiche evolutionäre Anpassung. Während Enten mit ihrem kurzen Hals nur in flachen Gewässern gründeln können, erschließt sich der Schwan mit seinem langen Hals weitere Nahrungsfelder und tut es der Giraffe, die ihren Hals bis in die höchsten Wipfel der Bäume recken kann, als »Wassergiraffe« in Seen und Teichen gleich.

Wiederkäuer

Giraffen sind wie Kühe, Schafe oder Ziegen *Wiederkäuer*. Wiederkäuer sind Pflanzenfresser mit einem mehrteiligen Wiederkäuermagen, der es ihnen ermöglicht, auch solche Kohlenhydrate als Nahrung zu verwerten, die für Säugetiere mit nur einem Magen unverdaulich sind. Der Ausdruck 'Wiederkäuer' kommt daher, dass beim Grasen die Pflanzen nur grob zerkaut und geschluckt werden. In den Ruhephasen, wird der vorverdaute Nahrungsbrei durch peristaltische Wellenbewegungen der Speiseröhre in kleinen Portionen wieder in die Mundhöhle befördert und nochmals zerkaut, bevor die so zerkleinerte Nahrung der eigentlichen Verdauung zugeführt wird.

Giraffen sind mit 6 Metern die größten Landtiere und haben von allen Säugetieren den längsten Hals. Die Vorfahren der Giraffe, die vor etwa 65 Millionen Jahren lebten, hatten noch kurze Hälse. Erst im Lauf der Entwicklung wurde der Giraffenhals immer länger: die Langhälse haben den Vorteil, dass sie das Nahrungsangebot aus den Baumwipfeln erreichen, an das andere Huftiere nicht heranreichen.

Weshalb gelten Schwalben als Schönwetterboten?

»Fliegt die Schwalbe hoch da oben,
können wir das Wetter loben.«

So und ähnlich lobt eine ganze Reihe von Bauernreimen die Wetterfühligkeit der Schwalben. Offensichtlich reagieren die Schwalben auf Wetterumschwünge: Wird das Wetter schön, fliegen die Schwalben hoch, wird es schlecht, fliegen sie tief. Doch woher wissen die Schwalben, wie das Wetter wird?

Schwalben ernähren sich ausschließlich von Insekten, die sie im Flug fangen. Bei gutem Wetter mit hohem Luftdruck und aufsteigenden Warmluftströmen werden die Insekten von den Aufwinden in höhere Luftschichten getragen. Vor allem Mücken, die bevorzugte Leibspeise der Schwalben, halten sich in ruhigen, windstillen Luftschichten auf. Ein nahender Gewitterregen kündigt sich zuerst in den höheren Luftschichten mit starken, horizontalen Winden an. Die Mücken nutzen die Abwinde, um sich in weniger umwehte Örtlichkeiten in Bodennähe fallen zu lassen. Die Schwalben jagen auf ihrer unermüdlichen Futtersuche immer den Insekten nach, das heißt, sie fliegen in den Luftschichten, in denen es die meiste Nahrung gibt. Sie fliegen ebenso wie die Insekten bei Schönwetter hoch und bei Schlechtwetter tief und sagen auf diese Weise dem aufmerksamen Naturbeobachter das Wetter voraus. Da die Flughöhe der Schwalben von der Flughöhe der Mücken bestimmt wird, sind die eigentlichen »Wetterfrösche« jene Insekten, die den Schwalben als Nahrung dienen.

Warum trommeln Spechte?

Wenn man den Trommelwirbel eines Spechtes hört, dann bedeutet das nicht, dass der Zimmermann des Waldes sich eine neue Wohnhöhle baut oder unter der Rinde eines Baumes nach Leckerbissen sucht. Ein Specht trommelt, um sich bemerkbar zu machen und mit anderen Spechten zu verständigen. Das Trommeln ist eine Art Sprache, mit der der Specht anderen Spechten mitteilt, dass er in diesem Wald wohnt und sie sich woanders ein Zuhause suchen sollen oder um sich bei einer Spechtdame einzuschmeicheln.

Zum Trommeln sucht sich der Specht ein Instrument mit guter Resonanz, zum Beispiel einen hohlen Ast oder einen dürren Stamm. In seinem Wald kennt jeder Specht besondere Trommelbäume: Bäume, die gut und laut klingen. Dort setzt sich der Specht zurecht, plustert sein Gefieder auf, senkt den Schnabel auf die Trommel und schlägt einen Wirbel. So ein Trommelwirbel klingt bei den einzelnen Spechtarten sehr unterschiedlich.

Spechthöhlen

Verlassene Spechthöhlen werden in der Regel schnell von anderen Tieren bezogen. Der Kleiber ist ein ganz besonderer Nachmieter. Die Spechtmeise, wie der blau gefiederte Vogel auch genannt wird, ist ein geschickter Schnabelwerker. Seinen Namen verdankt er einem ausgestorbenen Handwerksberuf. Kleiber bezeichnet einen Handwerker, der eine Lehmwand baut. Genau das tut der Kleiber. Hat ein ausgedienter Spechtbau ein zu großes Einflugloch, verkleinert er das Loch mit feuchtem Lehm und sperrt so Nesträuber aus.

Warum werden Zugvögel zu Reisemuffeln?

Dass die Fliegerei nicht ohne Gefahren ist, das wissen wir. Auch viele Zugvögel wie Kranich, Kuckuck oder Mehlschwalbe bleiben bei ihren Kontinentalflügen auf der Strecke. Die Ursachen sind vielfältig: angefangen von körperlicher Erschöpfung, zweibeinigen Jägern mit Schrot und Korn, »Stolperfallen« wie Hochspannungsmasten bis hin zu veränderten Umweltbedingungen im Winterquartier. Doch all dies erklärt nicht, warum manche Vogelarten keine Fernreisen mehr unternehmen.

Amseln galten beispielsweise noch vor einigen Jahrzehnten als Zugvögel. Heute bleiben sie als Standvögel, wie Eisvogel und

Zaunkönig, überwiegend im Brutgebiet. Der Trend geht auch bei anderen Vogelarten zum Reisemuffel. Versuche in der Vogelwarte Radolfzell zeigen, dass äußere Einflüsse für Änderungen im Verhalten der Tiere sorgen: Die globale Erwärmung mit den milden Wintern könnte dazu führen, dass wir das Phänomen Vogelzug in Mitteleuropa in den nächsten 100 Jahren vielleicht verlieren.

Versteckte und falsche Augen

Die Augen eines Tieres können verräterisch sein. Durch seine runde Form und glänzend schwarze Farbe hebt sich das Auge von seiner nächsten Umgebung ab. Zudem ist etwas Rundes, schwarz Glänzendes in der Natur ein seltenes und somit auffälliges Objekt. Wichtig beim Tarnen und Täuschen ist es, auffällige Körperteile wie die Augen in ein unauffälliges Gesamtmuster zu integrieren. So verschwinden beispielsweise die Augen von Dachs und Waschbär in schwarzen »Augenbinden« fast völlig. Raubfische

Beobachtungstipp

Auch das Tagpfauenauge nutzt das Maskenspiel mit falschen Augenflecken. Beim Nektar schlürfen und in Gefahrensituationen öffnet der Falter seine Flügel, so dass die gefiederten Jäger unversehens in das »Gesicht« eines Vogeljägers blicken. Die Imitation des Eulengesichtes blufft die gefiederten Jäger und lässt sie abdrehen. Die Augenflecken an den Körperenden der Raupe des Weinschwärmers verleihen der harmlosen Raupe das Aussehen einer drohenden Schlange.

fixieren ihre Beute, indem sie sich auf das Auge konzentrieren. Fische können ihre Augen nicht schließen und sie auf diese Weise verbergen. Die Augen sind bei zahlreichen Fischarten deshalb oft in schwarzen Körperflecken, dunklen Streifen oder innerhalb eines Tupfenmusters versteckt. Durch solche Farbmuster wird das Auge unauffällig in die Gesamtgestalt einbezogen und tritt nicht mehr als auffälliges Einzelobjekt in Erscheinung. Um mit seinem langen Maul ungefährdet in den Spalten der Korallenriffe nach Essbarem zu stochern, gaukelt der Pinzettenfisch den anderen Riffbewohnern vor, dass er mit seinem großen schwarzen Augenfleck an der Schwanzflosse auf der Suche nach Nahrung ist. Denn jeder weiß, wo ein Auge ist, ist normalerweise auch ein Maul!

* *Was stimmt?*

1. *Welche Tiere sind Nestflüchter und welche Nesthocker? Ordnen Sie zu:* Katze, Ente, Storch, Maus, Feldhase, Igel, Elefant, Schildkröte.
A: Nestflüchter **B:** Nesthocker

2. *Im Gegensatz zu den Kaninchen bewohnt der Feldhase keine Erdbauten, sondern sucht sich auf Feldern und Wiesen eine natürlich vorkommende Mulde als »Feldlager«, in der er tagsüber ruht. Wie nennt man dieses Hasenbett?*
A: Kobel **B:** Sasse

3. *Welcher Vogel bezieht als Nachmieter gerne Spechthöhlen und verkleinert das Einflugloch mit einer Lehmwand?*
A: Eichelhäher **B:** Kleiber **C:** Mehlschwalbe

4. Ist die Blindschleiche eine Schlange?
A: Ja **B:** Nein

5. Bei welchem Tier bleibt die Färbung des Fells ganzjahrig gleich?
A: Schneehase **B:** Eisbär **C:** Polarfuchs

6. *Wer ist kein Fisch?*
A: Seepferdchen **B:** Schweinswal **C:** Katzenhai

Ein Leben ohne Knochen:

Wirbellose Tiere

Was haben Qualle und Schmetterling gemein?

Qualle und Schmetterling sind Tiere, die auf den ersten Blick nichts verbindet. Sie unterscheiden sich nicht nur im Aussehen, sondern verbringen ihr Dasein in ganz verschiedenen Lebensräumen. Den beiden so verschiedenen Tieren ist gemein, dass ihr Körper keine Knochen besitzt. Es sind wirbellose Tiere, deren Körper weder durch eine Wirbelsäule noch durch Knochen gestützt werden. Etwa 95% aller Tierarten sind wirbellose Tiere. Wirbellose Tiere treten in einer enormen Formenvielfalt auf der Bühne des Lebens auf. Ob Schwamm, Nesseltier, Wurm, Schnecke, Krebs, Insekt, Tausendfüßer oder Spinne, allen ist ein Leben ohne Knochen gemein. Ihr äußeres Erscheinungsbild wird in vielen Fällen durch ein Außenskelett oder ein vom Körper aufgebautes Schalensystem, wie beispielsweise bei Seeigeln, Muscheln oder Korallen bestimmt.

Wirbellosen Tieren begegnet man in allen Lebensräumen. Viele sind millimeterkleine Winzlinge, andere meterlange Riesen. Sie stehen in keinem natürlichen Verwandschaftsverhältnis zueinander, sondern werden verschiedenen Tierstämmen zugeordnet. So gehören Quallen zum Stamm der Nesseltiere und Schmetterlinge zum Stamm der Gliederfüßer, wo sie der Klasse der Insekten zugeordnet werden.

Woran erkennt man ein Insekt?

Der Erfindungsreichtum der Natur scheint im Insektenreich grenzenlos zu sein. Insekten sind die größte und artenreichste Klasse im Tierreich. Sie machen etwa 80% aller Lebewesen aus. Vor etwa 400 Millionen Jahren, zur Zeit der großen Steinkohlewälder, nahm das große Krabbeln seinen Anfang. Vor rund 200 Mio. Jahren waren nahezu alle Insektenordnungen auf der Erde vertreten. Zu dieser Zeit gab es noch keine Säugetiere und die Dinosaurier begannen gerade ihre Spuren auf der Erde zu hinterlassen. Flügel machten die Insekten zur vorherrschenden Tiergruppe. Als erste Tiere überhaupt beherrschten sie das Fliegen.

Betrachtet man deren Körperbau, fallen drei Körperabschnitte auf: Kopf, Brust (Thorax) und Hinterleib. Der dreiteilige Körper ist meistens durch Kerben voneinander abgesetzt, weshalb Insekten auch als *Kerbtiere* bezeichnet werden. Die Übergangsstellen sind bei manchen Arten so dünn, dass man sich wundert, wie durch diese enge Verbindung überhaupt Blut und Nahrung gelangen können. Der Kopf ist Schaltzentrale und dient zur Nahrungsaufnahme, der Thorax zur Fortbewegung, der Hinterleib zur Verdauung und Vermehrung. Doch wie so oft im Leben gibt es auch hier Ausnahmen. Bei manchen Insekten ist die Dreiteilung nicht so deutlich erkennbar, da die einzelnen Körperabschnitte mehr ineinander übergehen wie bei den Käfern. Das auffallendste Erkennungsmerkmal – Insekten haben immer 6 Beine!

Wie atmen Insekten?

Aus der Vogeltränke im Garten fischen wir in der warmen Jahreszeit reglose Insekten, die beim Trinken den Halt verloren haben. Nicht selten trügt der Schein, denn oftmals ist es noch nicht zu spät, um dem nassen Tod von der Schippe zu springen. Vorsichtig fischt man die »Wasserleichen« mit einem Handsieb aus dem Wasser und legt sie auf ein Handtuch. Nun bedeckt man die reglosen Flieger mit einem Esslöffel Kochsalz. Mit etwas Glück gerät der Salzberg nach wenigen Minuten in Bewegung. Wie ein im Sand eingebuddeltes Kind befreit sich der scheintote Flieger aus dem Salz, stakst wie benommen umher, putzt sich und schwirrt plötzlich, als sei nichts gewesen, auf und davon. Wie erklärt sich dieses Wunder der Natur?

Insekten atmen nicht wie Menschen und Säugetiere mit Lungen oder mit Kiemen wie Fische und Krebse. Der lebensnotwendige Sauerstoff wird bei ihnen nicht mit Blut durch den Körper transportiert. Ein haarfeines Röhrengeflecht, das sogenannte *Tracheensystem*, durchdringt den Insektenkörper wie ein Netz. Durch winzige Körperöffnungen pumpen die Tierchen Luft in sich hinein, die durch die Tracheen in jede Körperzelle strömt. Fällt ein Insekt ins Wasser, dringt durch die Atemröhrchen Wasser in den Körper und da die Organe keinen frischen Sauerstoff mehr bekommen, wird das Insekt betäubt. Da Salzkristalle Feuchtigkeit binden, wirkt das Salz wie ein Schwamm, der dem Körper das Wasser entzieht und dadurch bewirkt, dass wieder Luft in den Körper gelangen kann.

Wie kommt die »Spucke« in die Wiese?

Trotz einer trocken-warmen Wetterlage können sich die nackten Waden im Frühsommer während eines Wiesenspazierganges schon nach wenigen Schritten feucht verklebt anfühlen. Suchend schweift der Blick über den grünen Dschungel, bis die wie Speichel aussehnenden Schaumflocken ins Auge fallen. Manch sensiblem Gemüt mag die vermeintliche Spucke den Wiesenausflug in die Welt der hochsprungbegabten Heupferde und der sich im Wind wiegenden Blütenteppiche derart verleiden, dass er auf dem Absatz kehrtmacht. Verständlich, wenn man nicht weiß, wer der Täter war.

Seien Sie mutig, schauen Sie hinter die »Kulisse« und entdecken Sie, was es mit den Schaumflöckchen auf sich hat. Den Kuckucksspeichel, wie der Volksmund die Wiesenspucke getauft hat, finden Sie an vielerlei Pflanzen; das Wiesenschaumkraut erhielt davon seinen Namen. Wenn Sie mit einem Halm vorsichtig durch den klebrigen Schaum stochern, entdecken Sie unmittelbar am Stängel ein kleines, grünes »Würmchen«.

***Wiesenzauberei**

Wer so über die Dinge des Lebens Bescheid weiß, traut sich auch einen Wiesenblumenstrauß mit einigen »Spuckeblumen« zu pflücken. Tropfen Sie einige Tröpfchen roter oder blauer Lebensmittelfarbe ins Blumenwasser und Sie werden alsbald Augenzeuge eines farbigen Naturschauspiels.

Bei dem Tierchen handelt es sich um die Larve der Schaumzikade. Setzen Sie die Larve behutsam an einen anderen Stängel, können Sie beobachten, wie plötzlich um die Larve herum Schaumbläschen aufquellen und das Tierchen verhüllen. Das Schaumflöckchen ist die Kinderstube der Schaumzikade. Mit seinem winzigen Saugrüssel sticht die Larve in den Stängel und saugt wie mit einem Trinkhalm Saft heraus. Gerade nur soviel, wie die Larve zum Leben, zum Größerwerden und zum Nestbau braucht. Die Pflanze füttert ihren »Gast« durch und gewährt Asyl, bis sich die Larve flügge geworden ins Dschungelleben stürzt. Die »Frog hoppers«, wie die ausgewachsenen »Schaumschläger« im Englischen heißen, sind gewandte Springer und bevölkern die Wiesen zur Zeit der Heuernte in Scharen.

Süße Käfer?

Der Insektenkörper besteht aus einer hohlen Chitinröhre, die nach außen schützt und nach innen Muskeln und Gewebe stützt. Dieser harte, elastische, leichte und äußerst widerstandsfähige Panzer schützt die Tiere weitgehend vor mechanischen Verletzungen. Diesen Körperbaustoff nennt man Chitin, welches chemisch betrachtet eine Verkettung von mehreren Einfachzuckern darstellt. Als Einfachzucker kennen wir Traubenzucker und Fruchtzucker. Die Verkettung von mehreren Einfachzuckern wird Polysaccharid (Vielfachzucker) genannt. Vielfachzucker werden aufgrund ihrer Bestandteile Kohlenstoff und Wasser als Kohlenhydrate bezeichnet. Chitin besteht aus Kohlenhydrat, also aus Zucker. Aber süße Käfer, nein, denn die Vielfachzucker sind, anders als die Einfachzucker, geschmacksneutral.

Der Universalität dieses Baustoffes sind im Insektenreich kaum Grenzen gesetzt. Chitin taugt zur Panzerung gleichermaßen wie zur Ausbildung feinster Sinnesorgane. Selbst hauchdünne Libellenflügel, feinste Sinnesorgane wie Fühler und Facettenaugen sowie die Farbenpracht der Käfer und Schmetterlingsflügel sind aus Chitin gemacht.

Der feste Zuckerpanzer hat auch Nachteile. Da er nicht wächst, behindert er das Wachstum der Tiere, wenn diese sich über die Jugendstadien hinaus zu ausgewachsenen Tieren entwickeln. Gelöst wird dieses Problem durch Häutungen, wobei die Außenhülle von Zeit zu Zeit abgestoßen wird. Darunter liegt bereits die neue, größere Körperhülle. Wenn der eng gewordene Zuckeranzug platzt, schlüpft das Insekt daraus hervor. Das Körperwachstum beschränkt sich auf wenige Stunden oder Minuten, wenn die neue Chitinhülle noch weich genug ist, um noch gedehnt und gestreckt zu werden. Heuschrecken häuten sich bis zu 15-mal.

Warum leuchten Glühwürmchen?

Glühwürmchen tragen diesen Namen eigentlich zu Unrecht, da sie zur Gattung der Käfer gehören. Glühkäfer oder Leuchtkäfer wäre die treffendere Bezeichnung für diese einmaligen Lichtträger. In unseren Breiten gibt es zwei verschiedene Leuchtkäferarten, die im Volksmund über einen Kamm geschoren als Glüh- oder Johanniswürmchen bekannt sind: Der Kleine Leuchtkäfer (*Lamprohiza splendidula*) und der Große Leuchtkäfer (*Lampyris noctiluca*). Verwechseln kann man beide Arten kaum, da die Männchen der Großen Leuchtkäfer nicht leuchten. Wie bei den Ameisen sind nur die Männchen flugfähig, die Weibchen beider Arten sind flugunfähig. Daher weiß man sofort, wenn man einen fliegenden Lichtpunkt entdeckt, dass es sich um ein männliches Exemplar der Kleinen Leuchtkäferart handelt. Auch die Bodenlichter der flugunfähigen Weibchen lassen sich unterscheiden, das Kleine Leuchtmädel knipst nur im Juni/Juli und die Große Käferdame nur im Juli/August ihr Licht an. Erst nachts, etwa zu der Zeit, wenn wir keine Farben im Dunkel unterscheiden können, werden sie aktiv und dann beginnt das Schauspiel, das uns immer wieder freudig »*Da ein Glühwürmchen*« rufen lässt, das den Menschen früherer Zeiten aber unheimlich war, weil sie glaubten, Irrlichter seien unterwegs.

Männchen und Weibchen nachtaktiver Tiere können anders als tagaktive Tiere nicht durch Imponiergehabe oder auffälliges Aussehen zueinander finden. Viele nachtaktive Tiere orientieren sich bei der Partnersuche an Duftstoffen und verlassen sich dabei auf ihre Nase. Die Leuchtkäfer dagegen verlassen sich auf Lichtsignale, um sich gegenseitig zu finden, geradeso wie ein Leuchtturm im Gräsermeer. Dass die Weibchen leuchten, ist verständlich, irgendwie müssen sie im Gräserdschungel auf sich aufmerksam machen. Warum aber beim Kleinen Leuchtkäfer die Männchen mit grünlichem Rückstrahler umherfliegen, weiß niemand so recht. Versteckt im Wiesendschungel »knipsen« die Weibchen etwa eine halbe Stunde eher als die Männchen ihre »Lampe« an. Mit ihrem Licht locken die Weibchen die schwärmenden Männchen an, die niedrig über dem Pflanzenbestand dahinfliegen. Diese orten das Lichtsignal eines Weibchens und landen punktgenau, um sich zu paaren. Das Lebenslicht der Männchen erlischt kurz nach der Paarung, die Weibchen leben noch einige Tage, um die Eier abzulegen.

Kopflos – wo ist vorne und hinten beim Regenwurm?

Hat der Regenwurm einen Kopf? Augen, Ohren, Nase und Mund sind jedenfalls an keinem der beiden Enden zu erkennen. Wo ist bei diesem schlangenförmigen Tier eigentlich vorne und hinten? Seien Sie mutig und nehmen Sie einen Regenwurm in die Hand. So schlüpfrig, wie er aussieht, fühlt er sich gar nicht an. Seine Haut glänzt, weil sie mit einem hauchdünnen, den Wurm schützenden Schleimfilm überzogen ist. So ein Wurm sieht aus, als sei er aus lauter schmalen Ringen zusammengesetzt. Das Kopfende können Sie daran erkennen, dass es spitzer ist als das Schwanzende. Vorn und hinten können Sie auch daran erkennen, dass im vorderen Körperdrittel, also in Kopfnähe, sich bei jedem Wurm eine deutlich erkennbare ringförmige Verdickung, der sogenannte *Gürtel* abhebt. Mit einer starken Lupe können Sie bei einem großen Exemplar auch die Mundöffnung erkennen. Doch Augen, Nase und Ohren fehlen dem Erdarbeiter gänzlich.

***Kraftprobe**

Für ein Tier ohne Knochenbau ist der Regenwurm erstaunlich kräftig. Halten Sie ihn für eine Kraftprobe in der locker geschlossenen Faust und beobachten Sie, wie er sich, mit dem Kopfende voran, zwischen Ihre Finger zwängt. Auf diese Weise spüren Sie etwas von der Kraft, mit der er sich durch die Erde bohrt und wissen sicher, wo sich Kopf und Schwanz beim Regenwurm befinden.

Was frisst der Regenwurm?

Der Begründer der Evolutionstheorie, Charles Darwin, hat einmal gesagt: »Der Regenwurm ist das wichtigste Tier auf der Erde.« Denn *Lumbricus*, wie der Regenwurm lateinisch heißt, ist ein Bodenveredler par excellence. Ohne Regenwürmer wäre die Erde nur halb so fruchtbar und der Mensch vielleicht längst verhungert. Die Bauernvölker ehemaliger Hochkulturen wie die Ägypter wussten, dass sie die Fruchtbarkeit ihrer Böden auch dem Regenwurm zu verdanken hatten. Im Land der Pharaonen und Pyramiden wurde der Regenwurm daher als heiliges Tier verehrt.

Es ist nicht allein der Regenwurm, der Boden in fruchtbare Erde verwandelt, doch dem Regenwurm kommt dabei eine ganz besondere Rolle zu. Lautlos bewegt er sich durch die Erde, schluckt dabei nicht nur verwelkte Pflanzenreste und Humus, sondern frisst sich buchstäblich durch die Erde. Er futtert täglich so viel verwelkte Blätter, Sand und Ton, wie er selbst wiegt. In seinem Darm werden Pflanzenreste und verschluckte Erdkrumen durch spezielle Verdauungssäfte vermischt und zu »Wurmhumus« mit hochkonzentrierten Bestandteilen an pflanzenverfügbaren Nährstoffen aufbereitet wie Stickstoff, Phosphor, Kali, Calcium, Magnesium, Schwefel, Eisen, Zink, Kupfer oder Molybdän. Kein anderes Tier

*Entdeckungstipp

Sind Ihnen schon einmal die tütenförmig aufgerollten und mit der Blattspitze in der Erde steckenden Laubblätter aufgefallen? Es gibt sie überall, aber der rastlose Blick geht wie über so viele Wunderwerke hinweg, die nicht mit grellen Farben um Aufmerksamkeit heischen. Sie sind das Werk eines Blinden, der dennoch imstande ist, die Umgebung des Eingangslochs bei Nacht systematisch nach Moderlaub abzusuchen und so in die Erde zu ziehen, dass sie einige Tage wie kleine Trichter aus der Erde ragen.

kann das und keine Maschine kann es nachmachen. Jeder Regenwurm frisst allein 300 bis 700g Falllaub im Jahr. Um eine genaue Vorstellung davon zu bekommen, wie viel das ist, sollten Sie Laub einsammeln und die Jahresration eines Regenwurms einmal abwiegen.

Tabula rasa, wie fressen Schnecken?

Im Frühling sind sie wieder unterwegs, die Feinde der Gärtner. Ganze Aussaaten werden über Nacht zur Beute zahlloser Schnecken: die erste Spinataussaat verloren, der Pflücksalat ebenso verschwunden wie das aromatisch duftende Basilikum und auch im Lupinenbeet herrscht tabula rasa. Im Erntestreit mit den lautlosen Nahrungskonkurrenten treibt der Erfindungsreichtum so mancher Gartenfreunde sadistische Blüten. Es ist leicht Schnecken um »die Ecke« zu bringen, und kaum ein Gärtner, der nicht mit diabolischem Grinsen noch eine weitere Vernichtungsmethode zu erzählen weiß. Allerdings sollten wir uns dazu nicht hinreißen lassen und die Worte Schoppenhauers zum Leitmotiv des Handelns machen, der sagte: »Jeder dumme Junge kann einen Käfer zertreten, aber selbst die gescheitesten Professoren können keinen Käfer erschaffen.« In diesem Sinne sollten wir uns die Hände nicht schmutzig machen.

Halten wir es mit Goethe, der reimte, »Auch die Flöhe und Wanzen gehören zum Ganzen«. Auch Tiere, die uns ärgern, spielen eine Rolle im Naturhaushalt. Schnecken sind die Müllmänner im Garten, denn Schnecken fressen nicht nur unsere Sämlinge, vor allem machen sie sich über angewelkte Blätter, vermodernde Früchte und die Überreste anderer Tiere her. Sie helfen den »Abfall« wegzuräumen und machen daraus, ganz nebenbei, Unmengen besten Düngers. Aber wie fressen Schnecken? Ein Mund, so wie wir ihn kennen, ist nirgends zu entdecken. Des Rätsels Lösung lässt sich lüften, wenn Sie die Schnecke von unten beobachten. Mit einem

Trick und etwas »Speck« kommen Sie dem Geheimnis auf die Spur. Dazu legen Sie auf den Boden eines flachen Glasgefäßes ein Salatblatt und darauf setzen Sie eine große Schnecke. Von unten, durch die Glasscheibe betrachtet, sehen Sie, wie in dem Blatt allmählich Fraßlöcher entstehen und mit etwas Glück können Sie auch den Schneckenmund und die sandpapierrauhe Schneckenzunge, »*Radula*« genannt, erkennen, die das Blatt regelrecht abschleift.

Wie kommt die Raupe in den Apfel?

»*In die Äpfel muss man beißen*«, singt der Gärtner in Goethes Faust. Nichts symbolisiert den wahren Apfelgenuss mehr, wenn wir derart in die saftige Frucht beißen, dass es kracht. Doch manch kräftiger Biss endet jäh, noch im Zubeißen innehaltend, bevor die Zähne das saftige Fruchtfleisch gänzlich abgebissen haben. Ein kurzer Moment der geschmacklichen Orientierung, bevor die einverleibende Mundbewegung sich ins Gegenteil verkehrt und man ausspuckt. Ein Winzling und heimlicher Mitesser verleidet uns den Appetit auf die fruchtige Zwischenmahlzeit.

Wenn wir mutig sind und den Apfelbissen nicht ausspucken, sondern in die aufgehaltene Hand fallen lassen, kommen wir dem Appetitverderber auf die Spur. Zwischen dem so erfrischend, glänzend weißen Fruchtfleisch windet sich ein kleines, wurmartiges Etwas. »*Schau mal, da ist ein Wurm im Apfel*«, sagt man leichthin.

Schaut man durch ein Vergrößerungsglas sind die zangenartigen Mundwerkzeuge und Beinpaare einer Schmetterlingsraupe zu erkennen! Der Schmetterling, dessen Nachwuchs uns den Appetit verdirbt, heißt Apfelwickler (Cydia pomonella L). Im Frühsommer legt der Falter ein winziges Ei auf die noch kleinen grünen Äpfel. Daraus schlupft eine winzige Raupe, die sich in den noch unreifen Apfel frisst. Im Kerngehäuse dieser Schmetterlingsäpfel sieht es aus, als ob der halbwüchsige Falternachwuchs randaliert hätte. Das sternenförmige Kerngehäuse mit seinen fünf Kammern ist geplündert und verwüstet. Die pergamentartigen Zwischenwände sind durchlöchert und mit braunem, sägemehlartigem Gekräusel verschmutzt. Von den fünf dunkelbraunen Kernpaaren finden sich in den Abfallbergen nur noch angeknabberte Fragmente. Die Raupe verzehrt nur die nussig schmeckenden Apfelkerne. Zehn Apfelkerne reichen zum Erwachsenwerden. Ist die Vorratskammer im Apfel geleert, nagt sich die Raupe einen Weg ins Freie und seilt sich an einem Spinnfaden vom Baum ab.

Schauspiel in vier Akten

Die Annalen der Naturgeschichte kennen allerlei sonderbare Lebensläufe. Am Beginn eines jeden Schmetterlingslebens steht das Ei. Die Raupe stellt das zweite Entwicklungsstadium dar, dessen eigentlicher Lebenszweck die Nahrungsaufnahme ist. Wenn die Raupe erwachsen ist, erreicht sie das Puppenstadium. Dieses kann je nach Art ein paar Tage bis zu mehreren Jahren dauern, bis sich der fertige Falter aus der Puppenhülle zwängt. Ei-Raupe-Puppe-Schmetterling, diese vier Lebensstufen gehören zu einem der fantastischsten Natur-Schauspiele. Das Leben der Schmetterlinge vollzieht sich in Akten wie in einem Schauspiel. Wissenschaftlich ausgedrückt, machen die Falter einen vollständigen Gestaltwandel – eine *Metamorphose* – durch und der Hauptdarsteller erscheint in jedem Akt in völlig anderer »Kleidung«.

Wie bei den Raupen der Schmetterlinge liegt bei allen Verwandlungskünstlern für uns Menschen die Schwierigkeit darin, eine Erscheinungsform mit der anderen in Verbindung zu bringen. Wer weiß schon, wie die Eier eines Schwalbenschwanzes aussehen, welcher Falter sich aus der haarigen Raupe des Braunen Bären entwickelt oder wie die Puppe des Tagpfauenauges gefärbt ist und wo man sie findet.

Was geht in der Schmetterlingspuppe vor?

In der Puppe vollzieht sich die eigentliche Metamorphose, die Umwandlung von der Raupe zum Schmetterling. Was geht mit der Raupe in der Puppenwiege vor sich? Schläft sie oder wacht sie? Das ist nicht leicht zu beantworten, denn im Innern vollziehen sich heftige Umwälzungen. Die Raupe zerfällt, ihr Körper und ihre Organe lösen sich auf. Die Raupe ist tot! Aber das Leben, das in ihr pulsierte, ist nicht mit ihr gestorben. Irgendwo im trüben Gewoge des aufgelösten Körpers wirkt diese Lebenskraft fort, um sich einen neuen Körper zu bauen. In der Raupe lebte ja schon immer der Falter, wohnte der Drang, sich einmal aus dem kriechenden Dasein in ein beschwingtes Leben in der Luft zu erheben. Schon lange hatte der Falter auf diesen Tag hingearbeitet. Heimlich wurde im Raupenleib alles vorbereitet und dafür gesorgt, dass die Raupe alle zum Umbau notwendigen Bausteine zusammentrug. Deswegen musste die Raupe fressen und nochmals fressen, musste ihr Gewicht in wenigen Wochen vertausendfachen und durfte dabei weder rasten noch ruhen. Der Schmetterling in ihr trieb sie von einem Blatt aufs andere.

Die scheinbar leblose Puppe ist keine Schlafkammer, sondern eine verschlossene Werkstatt, in der fieberhaft gearbeitet wird. Neue Zellen bauen sich aus den zerfallenen Zellen auf, teilen, vermehren und spezialisieren sich, schließen sich zu Organen zusammen, verwandeln sich in Facettenaugen, Flügel, Farbschuppen und Saugrüssel. Es braucht etwa zwei Wochen bis die wundersame Verwandlung einer Raupe in der Puppenwerkstatt zum Tagpfauenauge abgeschlossen ist. Es lebe der Schmetterling!

Wie machen Bienen Honig?

Honig ist ein reines Naturprodukt, das nur Bienen herstellen können. Honig entsteht aus Nektar oder Honigtau. Nektar ist ein zukkerhaltiger Saft aus den Nektardrüsen der Blütenpflanzen, den die Bienen zu Blutenhonig verarbeiten. Bei Honigtau handelt es sich um die zuckrige Flüssigkeit, die Läuse ausscheiden, welche sich vom Saft von Bäumen ernähren. Dieser Saft tropft auf Blätter, Nadeln und Zweige, wo ihn die Bienen aufsammeln, um ihn zu Tannen- und Waldhonig zu verarbeiten. Bei Nektar und Honigtau handelt es sich noch nicht um fertigen Honig.

Bei jedem Blütenbesuch nimmt die Biene mit ihrem Saugrüssel den Nektar der Blüten auf. Im Honigmagen spalten körpereigene Enzyme, die für den Umbau in Honig verantwortlich sind, den Nektar auf. Im Stock angekommen, würgt die Sammelbiene den Inhalt ihres Honigmagens aus und gibt die angereicherte Mischung an eine Honig verarbeitende Biene weiter. Die Honigbiene saugt die Mischung auf, pumpt sie wieder aus der Honigblase, lässt sie in kleinen Tröpfchen aus ihrem Rüssel fließen und saugt sie sofort wieder auf – etwa so, wenn Sie Kaugummiblasen produzieren und wieder verschwinden lassen. Dieser Vorgang wiederholt sich solange, bis durch die trockenwarme Luft im Stock die Mischung ausreichend eingedickt ist. Das Trocknen allein macht noch keinen Honig: Wichtig ist die gleichzeitige Fermentierung, das heißt die Anreicherung des Nektars mit den Enzymen des Honigmagens. Die angereicherte und eingedickte Honigvorstufe wird in dünnen Schichten in Waben gefüllt und durch schnelles Flügelschlagen regelrecht trocken geföhnt, bis der Honig mit einem Wassergehalt von 20 Prozent die richtige Reife hat. Jetzt wird die Wabe mit einem

Bestäuber

Durch ihren Sammeleifer leisten die Bienen eine wichtige Aufgabe in der Natur: wenn sie Nektar suchend von Blüte zu Blüte fliegen, befruchten sie diese und tragen dadurch zur Erhaltung vieler Pflanzenarten bei. Besonders wichtig sind die Bienen im Frühjahr für die Bestäubung der Obstbäume. Wer denkt schon daran, wenn er in einen Apfel beißt, wem er die süße Frucht verdankt. Wir sind uns der Bedeutung der Bestäuber in ihrem ganzen Ausmaß meist nicht bewusst und bedenken nicht, dass es ohne bestäubende Insekten keinen Obst- und Gemüseanbau gäbe. Neben der Honigbiene zählen viele andere nicht Staaten bildende Bienenarten, Hummeln, Tag- und Nachtfalter sowie Käfer und Fliegen zu den Bestäubern.

Wachsdeckel verschlossen. Am geschlossenen, leicht eingefallenen Wachsdeckel der Waben erkennt der Imker, dass der Honig reif ist und geerntet werden kann.

* *Was stimmt?*

1. *Was für Tiere sind Tintenfische?*
A: Wirbeltiere **B:** Wirbellose Tiere

2. *Sind Spinnen Insekten?*
A: Ja **B:** Nein

3. *Welche Wiesenblume verdankt ihren Namen einem Insekt?*
A: Flockenblume **B:** Trollblume **C:** Wiesenschaumkraut

4. *In welchem Farbton leuchten die Glühkäfer?*
A: rötlich **B:** grünlich **C:** gelblich

5. *Welches Tier zernagt das Kerngehäuse von Äpfeln?*
A: Made **B:** Wurm **C:** Raupe

6. *Wie nennt man die ringförmige Verdickung eines Regenwurmes?*
A: Gürtel **B:** Ring

7. *Wie heißt die Schneckenzunge im Fachjargon?*
A: Radix **B:** Radula

Was wächst denn da:

Flora

Was für Pflanzen gibt es?

Man kennt heute weit mehr als 300.000 Pflanzenarten, deren Formen und Lebensweisen eine erstaunliche Vielfalt aufweisen: Diese reichen von Moosen, die sich an feuchte Lebensräume angepasst haben, bis zu den Kakteen der Wüsten; von krautigen Pflanzen wie dem Löwenzahn bis zum Riesenmammutbaum, der 3000 Jahre alt werden kann. Trotz ihrer Unterschiede zeichnen Pflanzen typische Merkmale aus: Pflanzen sind grün, produzieren ihre Nährstoffe durch Fotosynthese, wurzeln in oder auf der Erde und sind ortsgebunden. Pflanzen teilt man in der Botanik nach bestimmten Merkmalen in sogenannte »Reiche« ein. Wir unterscheiden, der Einfachheit halber grob sechs große Pflanzenreiche:

- Pilze bilden ein eigenes Reich, da sie kein Chlorophyll besitzen und wie die Tiere organische Nahrung aufnehmen.
- Flechten sind Symbiosen aus Algen und Pilzen und werden ebenfalls zu einem eigenen Reich zusammengefasst.
- Algen besitzen wie die höheren Pflanzen das grüne Pigment Chlorophyll und bilden ihre eigenen Nährstoffe durch Fotosynthese. Große, vielzellige Algen werden als Tange bezeichnet.
- Moose werden wie die Algen den gefäßlosen Pflanzen zugeordnet, da sie weder einen richtigen Spross noch eigentliche Blätter oder Wurzeln besitzen. Ebenfalls fehlt ein Leitgewebe, das bei höheren Pflanzen dem Wasser- und Nährstofftransport dient. Des Weiteren fehlt ihnen ein dünnes Häutchen (*Kutikula*) über der äußersten Zellschicht, die sie vor dem Austrocknen bewahrt. Deswegen wachsen fast alle Moose in feuchten Lebensräumen.
- Schachtelhalme, Bärlappe und Farne sind Gefäßpflanzen und gliedern sich wie alle höheren Pflanzen in Wurzeln, Blätter und Sprosse (Stängel oder Stamm), bilden aber bei der Fortpflanzung keine Samen, sondern Sporen aus.
- Samenpflanzen, auch Blütenpflanzen genannt, werden in zwei Unterreiche geteilt: in Nacktsamer und Bedecktsamer. Die Bedecktsamer unterteilt man weiter in die Klassen der einkeimblättrigen und zweikeimblättrigen Pflanzen.

Welche Bedeutung hat die Fotosynthese für das Leben?

Blätter sind Wunderwerke der Natur. Die Blätter eines Baumes sind kleine chemische »Fabriken«. Nur grüne Pflanzen und besonders die Blätter der Bäume können mit Hilfe des Sonnenlichts aus Kohlendioxid und Wasser Zuckermoleküle herstellen. Diese dienen dann als Energiestoff für den Baum und zur Herstellung von Zellulose, der Substanz, aus der die Zellwände des Baumes aufgebaut sind. Bei diesem hoch komplizierten chemischen Prozess, der in jedem noch so winzigen Blatt abläuft, wird als »Abfallstoff« Sauerstoff frei, den die Blätter »ausatmen«. Sauerstoff, ohne den Mensch und Tier nicht leben können. Jetzt wird klar, was jedes noch so unscheinbare Blatt für das Leben bedeutet.

Die Fotosyntheseleistung der Pflanzen hat vor mehr als einer Milliarde Jahren das Leben auf der Erde revolutioniert. Die fast sauerstofffreie Atmosphäre der Erde wurde in Jahrmillionen mit dem »Abfallprodukt« der Pflanzen immer mehr angereichert. Ab etwa 6% Sauerstoff in der Atmosphäre ist tierisches Leben möglich. Pflanzen schufen somit erst die Voraussetzungen für tierisches und menschliches Leben. Der von den Pflanzen freigesetzte Sauerstoff wird von Mikroorganismen, Tieren und Menschen als Atemluft und bei der Verwesung lebender und toter Biomasse verbraucht. Bei der Veratmung und Verwesung entsteht Kohlendioxid, das an die Atmosphäre abgegeben wird. Kohlendioxid, das die Pflanzen zur Fotosynthese benötigen, bei der dann wieder neuer Sauerstoff gebildet wird. So bildete sich in Jahrmillionen ein Kreislauf, in dem das Kohlendioxid-Sauerstoff-Verhältnis in der Atmosphäre weitgehend konstant blieb.

Wer war Carl von Linné?

Jede Pflanze und jedes Tier wird in Fachkreisen weltweit mit demselben lateinischen Namen benannt. Der Vorteil liegt auf der Hand: wenn ein Botaniker aus Deutschland einen Botaniker aus Zaire trifft, benutzen beide den wissenschaftlichen Namen und es kommt zu keinen Verwechslungen. Viele Pflanzen haben ihren wissenschaftlichen Namen von dem schwedischen Naturforscher Carl Nilsson Linnaeus (1707-1778) erhalten. Er teilte die Blütenpflanzen anhand der pflanzlichen Fortpflanzungsorgane, den Blüten, ein, die zumeist aus vier Einheiten bestehen: den grünen Kelchblättern, welche die eigentliche Blüte umgeben; den meist farbigen Kronblättern; den Staubblättern, die als männliche Sexualorgane den Pollen bilden; und schließlich den Fruchtblättern mit den weiblichen Geschlechtsorganen, welche die Eizellen herstellen. Alle vier Einheiten sind je nach Pflanze in unterschiedlicher Anzahl, Form und Lage vorhanden. Mit seinem 1735 veröffentlichten Werk »Systema Naturae« gelang es ihm die »drei Reiche der Natur« – die Welt der Steine, Pflanzen und Tiere – in ein logisches System zu bringen. Für die Gliederung des Systems der Lebewesen benutzte Linné die acht Gliederungsstufen: Reich, Unterreich, Stamm, Klasse, Ordnung, Familie, Gattung und Art. Dieses System lässt sich am Beispiel der Wildkatze besonders gut veranschaulichen:

Reich	Tiere	(lat. Animalia)
Unterreich	Vielzeller	(lat. Metazoa)
Stamm	Wirbeltiere	(lat. Chordata)
Klasse	Säugetiere	(lat. Mammalia)
Ordnung	Raubtiere	(lat. Carnivora)
Familie	Katzen	(lat. Felidae)
Gattung	Katze	(lat. Felis)
Art	Wild lebend	(lat. silvestris)
Wissenschaftl. Name	Wildkatze	(lat. Felis silvestris)

Jede Art erhielt einen Doppelnamen, der sich aus der Gattung und einem charakteristischen Beiwort für die Art zusammensetzte. Das Beispiel der Wildkatze verdeutlicht die Namensgebung anschaulich: Gattung Felis (= Katze), Art silvestris (= Wild lebend), also Felis silvestris (= Wildkatze)! Den Menschen nannte er *Homo sapiens* (= der vernunftbegabte Mensch). Die Säugetiere nannte er nach den Milchdrüsen, lat. *Mammalia*, weil er Frauen ermutigen wollte, ihre Säuglinge zu stillen. Mit seinen Schriften zur Systematik von Pflanzen und Tieren revolutionierte Carl Linnaeus die Biologie. Dafür wurde er vom schwedischen König 1761 zu Carl von Linné geadelt.

Lendenschurz und Haute Couture

Die meisten Pflanzen sind Blütenpflanzen. Vor etwa 270 Millionen Jahren entwickelten sich die ersten noch unscheinbaren Blüten. Da die Samenanlage nur spärlich bedeckt, fast frei auf dem Fruchtblatt liegt, nennt man sie *Nacktsamer*. Bei den Nacktsamern sind die Blütenorgane in den meisten Fällen zu zapfenartigen Gebilden angeordnet. Diese sind überwiegend eingeschlechtig. Die Bestäubung erfolgt mit dem Wind. Die Windbestäubung beruht auf einem nur zufälligen Zusammentreffen von Pollen und Narbe, deshalb müssen diese Pflanzen große Mengen Pollen produzieren, damit zumindest einige das richtige Ziel finden. Den Höhepunkt ihrer Entwicklung mit den meisten Arten hatten die Nacktsamer im Jura zur Zeit der Saurier. Gegenüber ehemals hunderttausenden von Arten gibt es heute nur noch etwa 600 Arten, wie die Palmfarne, Koniferen, Eiben und den Ginkgo.

Vor etwa 110 Millionen Jahren begann allmählich das große Blühen. Die Blütenpflanzen werfen sich seither in immer neuen Kreationen regelrecht in Schale, was Form, Farbe und Muster der Blüte betrifft, um vorbei fliegende Insekten für die Bestäubung anzulocken. Da deren Samenanlagen in einem Fruchtknoten eingeschlossen und nicht sichtbar sind, nennt man sie *Bedecktsamer*. Sie bilden die größte Abteilung der Samenpflanzen. Das typische Merkmal der Bedecktsamer ist die Blüte. Zu den Bedecktsamern zählen die krautigen Blütenpflanzen, die sich durch grüne, nicht verholzte Sprosse auszeichnen, so wie die Mehrzahl der holzigen Blütenpflanzen, die man nach der Wuchsform als Strauch, Busch oder Baum unterscheidet. Fast alle für den Menschen essbaren Früchte stammen von Bedecktsamern.

Was geschieht bei der Bestäubung?

Auch Pflanzen sorgen für Nachwuchs. Wie bei Mensch und Tier müssen auch bei den Pflanzen männliche Sperma-Zellen auf weibliche Eizellen übertragen werden, damit aus Samen als Keimzelle neuen Lebens entstehen kann. Bei den Blütenpflanzen werden die Samen in den weiblichen Geschlechtsorganen, im sogenannten *Stempel*, gebildet. Der Stempel ist als Verlängerung des Stängels in der Blüte leicht zu erkennen. Der Stempel setzt sich aus *Fruchtknoten, Griffel* und *Narbe* zusammen. Am Blütenboden sitzt der wulstige Fruchtknoten, in dem die Samenanlage mit den Eizellen liegt. Aus dem Fruchtknoten ragt der Griffel, ähnlich einem Fahnenmast, lang und schlank aus der Blüte heraus. Oben auf dem Griffel sitzt die Narbe. Sie ist rau oder klebrig, damit die Pollenkörner daran hängen bleiben.

Staubblätter sind die männlichen Teile einer Blüte. Sie stehen oft wie ein Büschel zarter Halme in der Mitte der Blüte. Ein Staubblatt besteht aus dem *Staubfaden*, der den *Staubbeutel* oder *Pollensack* trägt. Der Staubbeutel enthält die männlichen Spermien, *Blütenstaub* oder *Pollen* genannt. Der Pollen ist das Transportmittel für die männlichen Gene einer Pflanze.

Die Pflanzen sind darauf angewiesen, dass die männlichen Keimzellen zu den weiblichen gebracht werden. Dazu muss die Blüte bestäubt werden: Blütenstaub wird in den meisten Fällen vom Wind oder von Insekten von einer Blüte zur anderen transportiert. Nach der Bestäubung befindet sich das Pollenkorn auf der Narbe. Es ist

damit immer noch von der weiblichen Keimzelle getrennt, die in der Samenanlage liegt. Das Pollenkorn keimt aus und schiebt einen *Pollenschlauch* durch den Griffel in den Fruchtknoten zur Samenanlage. Dort findet letztlich die Befruchtung der weiblichen Eizellen statt. Aus der befruchteten Eizelle entwickelt sich dann der Samen mit dem Keimling.

Können sich Pflanzen bewegen?

***Beobachtungstipp**
Wie lichthungrig Pflanzen sind, können Sie anschaulich beobachten, wenn Sie in einen Pflanztopf Gras, Schnittlauch oder Zwiebelsamen aussäen und auf einer sonnigen Fensterbank feucht und warm halten. Wenn die Keimlinge aus der Erde herauswachsen, werden sich diese dem Licht entgegen strecken. Drehen Sie den Topf um 180 Grad, so werden sich die Keimlinge nach kurzer Zeit aufrichten und sich dann wieder zum lichten Fenster hinbewegen.

Jeder weiß, dass sich Pflanzen, die sich beharrlich mit ihren Wurzeln ins Erdreich klammern, nicht von der Stelle bewegen können. Das ist aber nur die halbe Wahrheit. Zwar sind sie sich nicht wie die Tiere zum Ortswechsel fähig, aber auch bei den Pflanzen lassen sich Bewegungen wie das Öffnen und Schließen der Blüten beobachten. Pflanzen brauchen Sonnenlicht zum Leben, da sie mit Hilfe des Sonnenlichts aus Kohlendioxid und Wasser Traubenzucker als Pflanzennährstoff aufbauen, ohne den Grünpflanzen nicht existieren können. So ist es nicht verwunderlich, dass Pflanzen alles daran setzen, Licht einzufangen und versuchen ihre Blätter in eine gute Belichtungsposition zu bringen. Deshalb wachsen sie immer dem Licht entgegen. Dabei helfen sie sich mit Wachstums- und Blattbewegungen. Pflanzen sind in der Lage, Stiel, Blätter und Blüten mehr oder weniger schnell zu bewegen. Das Streben nach günstigeren Lichtverhältnissen für die Fotosynthese verlangt oft größere Verrenkungen: da wird sich gebogen, gereckt, gestreckt und gedreht, um aus dem Schatten der Nachbarn »herauszutreten«. Unermüdlich sind sie auf der Suche nach Licht wie Tiere auf der Suche nach etwas Essbarem.

Wieso ist Gras unser »täglich Brot«?

Wohin wir uns bei unseren Entdeckungsreisen in der Natur auch wenden, auf Schritt und Tritt treffen wir auf Gräser. Diese Pflanzen bilden seit Jahrtausenden den wichtigsten Eckpfeiler unserer Ernährung. Wenn Sie bedenken, dass Gras von allen Pflanzen die größte Verbreitung auf dem Globus hat, die Samen zahlreich und nahrhaft sind und sich leicht lagern lassen, wird verständlich, dass Grassamen für den größten Teil der Menschheit zum Hauptnahrungsmittel wurden. Auch die Getreidearten gehören zur Familie der Gräser. Und tatsächlich, die Ähren vieler Gräser ähneln im Aussehen den Ähren von Weizen, Roggen, Gerste oder Hafer. Die Samenkörner der Gräser sind meist so winzig und leicht, dass sie vom Wind verweht werden. Bei Getreide müssen die Körner in den Ähren eine gewisse Größe haben, damit die Mühe des Sammelns lohnt. Die fruchttragenden Getreidegräser wurden im Verlauf von Jahrhunderten so gezüchtet, dass sie immer mehr und größere Körner bekamen. Daraus wird das Mehl gemahlen, und ohne Mehl gäbe

***Rohstoffe**

Gräser waren zu allen Zeiten und in allen Kulturen nicht nur Futtermittel, sondern immer auch Rohstoff für allerlei Alltagsgegenstände. Gräser wurden mit den alten Handwerkstechniken des Flechtens, Knüpfens und Webens zu Haushaltgegenständen wie Matten, Teppichen, Körben und Taschen, zu Kleidungsstücken wie Schuhen und Hüten sowie zu Schmuck und allerlei Spielsachen verarbeitet. Beim Häuserbau sorgt unser größtes Gras, das Schilf, mit schmucken Reetdächern noch heute für trockene Wohnungen und Stallungen.

es kein Brot, keine Nudeln, keine ... und vor allem kein Popcorn, denn auch die Maispflanze ist nichts anderes als ein großer Grashalm.

Aber auch die einfachen Wiesengräser des Grünlandes sind für unsere tägliche Ernährung ungemein wichtig. Gras ist die Hauptnahrung für das Vieh. Seine Wachstumskraft macht im tierischen Leib eine Verwandlung durch. Wir konsumieren Gras in veredelter Form als Milch, Butter, Joghurt und Fleisch. So gesehen ist Gras unser täglich Brot.

Warum bleibt die Blumenuhr stehen?

Viele Blumen benehmen sich seltsam, wenn es Abend wird – sie gehen »schlafen«. Gärten verändern in der Dämmerung ihr Aussehen, wenn viele Pflanzen ihre Blüten schließen. In der Morgendämmerung des nächsten Tages öffnen sie sich wieder und wenden sich der Sonne zu. Allerdings ist der Zeitpunkt für das Öffnen der Blüten von Blume zu Blume verschieden. Die Zeiten des Aufblühens der einzelnen Arten sind nicht nur mit dem Jahreslauf, sondern auch mit der Stunde des Tages innig verwoben. Morgens um sieben öffnen sich die Blüten des Löwenzahn und der Gänseblümchen, um neun die Wiesen-Flockenblume und der Mohn, etwas später um zehn die Wegwarte und die Ringelblume, während die Passionsblume als Spätaufsteher erst um 12 Uhr ihr filigranes Blütenkunstwerk entfaltet. Bereits um 13 Uhr schließt die blutrote Karthäuser-Nelke ihre Blüte, um 16 Uhr die Akkerwinde, die weiße Seerose gegen 17 Uhr, und als einer der letzten Tagblüher schließt der Löwenzahn zwischen 19 und 20 Uhr seinen gelben Blütenkopf. Zu einer Zeit, wenn die Nachtkerze in Erwartung der Nachtfalter in Minutenschnelle die seidenweichen, schwefelgelben Blüten-

Beobachtungstipp

Wie ein weißer Blütenteppich schmücken im Frühling die zarten Blütenkelche der Buschwindröschen das grüner werdende Land. Abends jedoch legen sie zum Schutz vor Nachtfrost die weißen Blütenblätter über die Staubgefäße der Blütenkelche. Dieses Naturereignis können Sie tagsüber durch ein kleines Täuschungsmanöver selbst auslösen. Dazu stülpen Sie einen leeren, lichtdichten Karton über die aufgeblühten Blütensterne. Auf die plötzliche Dunkelheit reagieren die Buschwindröschen mit dem Schließen der Blütenblätter, was Sie sehen, wenn Sie den Karton nach ca. einer halben Stunde anheben.

blätter entfaltet und mit ihrem betörendem Duft im Nachtdunkel lockt. Inspiriert von dieser Beobachtung hatte der schwedische Naturforscher Carl von Linné vor zweihundert Jahren eine Blumenuhr erdacht. Pflanzt man die entsprechenden Arten in ein kreisförmiges Beet, das zifferblattartig angelegt ist, so kann man am Aufblühen die ungefähre Tageszeit ablesen.

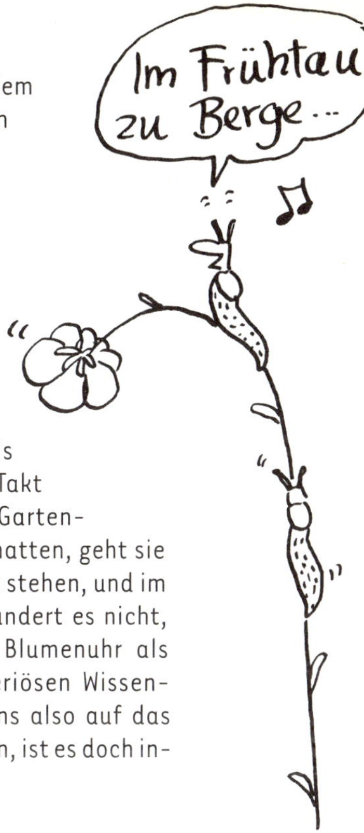

Die Blumenuhr ist eine amüsante Gartenspielerei, aber tickt ungenau bis dorthinaus, weil sie sich leicht aus dem Takt bringen lässt. Auf sonnenverwöhnten Gartenstücken geht sie vor, wirft ein Baum Schatten, geht sie nach, bei trübem Regenwetter bleibt sie stehen, und im Winter tickt sie überhaupt nicht. So wundert es nicht, dass Botaniker jeder Couleur Linnés Blumenuhr als nichtsnutzige Spielerei eines sonst seriösen Wissenschaftlers verwarfen. Auch wenn wir uns also auf das blühende Uhrwerk nicht verlassen können, ist es doch interessant, um diese Dinge zu wissen.

Holunder, die grüne Hausapotheke

Der schwarze Holunder (*Sambucus nigra*) war bis vor wenigen Jahrzehnten ein stetiger Weggefährte des Menschen. Er gehörte zu Haus und Hof wie Apfelbaum und Kartoffelacker. In unserer Zeit ist der herb duftende Strauch ein seltener Gartengast und nur wenige Zeitgenossen machen sich die Mühe, die perlengroßen Beeren für den eigenen Verzehr zu sammeln. Wie so oft findet sich heutzutage das Einfache und Schlichte wie die Holunderbeersuppe auf den Speisekarten der Sterne-Restaurants.

Die Beeren des Holunders waren den Menschen seit Jahrtausenden Nahrung. Wann immer Menschen gelebt haben, zur Steinzeit, zur Bronzezeit, zur Eisenzeit, immer sind bei den Resten ihrer Wohnstätten auch Reste der kleinen Früchte gefunden worden.

Uralt ist die Verwendung des Holunders in der Küche und der Volksmedizin. Bis ins letzte Jahrhundert galt der Holunder als die grüne Hausapotheke. Man reimte:

*»Rinde, Beere, Blatt und Blüte,
jeder Teil ist Kraft und Güte.«*

In der Naturheilkunde werden alle Teile der Pflanze bei vielerlei Erkrankungen wie Erkältungen, Grippe, Fieber, Neuralgien, Rheuma oder Verstopfungen zur Heilung genutzt. Roh verkostet treffen die herb schmeckenden Beeren ebenso wie die Schwarzen Johannisbeeren nicht unseren Geschmackssinn. Erst mit der Wärme des Kochtopfes oder des Dampfentsafters entfalten die Holunderbeeren ihr wahres Aroma und spalten doch. Es ist weniger der Geschmack als vielmehr der Duft, der gegensätzliche Empfindungen weckt.

*Holunderblütenpfannkuchen

Zutaten für 10 Stück: 200g Mehl, 100g Haferflocken, 4 Eier, 1/2l Milch,Salz, 10 Holunderblütendolden ohne Stiel, Öl für die Pfanne, Zucker zum Bestreuen. Aus Eiern, Milch, Mehl, Haferflocken und Salz einen Teig anrühren und 15 Minuten gehen lassen. Teig in die gefettete Pfanne geben und eine Holunderblütendolde leicht in den Teig drücken. Von beiden Seiten goldgelb backen und mit Zucker bestreut servieren.

* *Was stimmt?*

1. *Welchem Pflanzenreich werden Bäume zugeordnet?*
A: *den Gefäßpflanzen* **B:** *den Gefäßlosen Pflanzen*

2. *Welche Pflanze ist keine Gefäßpflanze?*
A: *Wiesenschaumkraut* **B:** *Löwenzahn* **C:** *Polster-Kissenmoos*

3. *Welcher Teil einer Pflanze setzt sich aus Fruchtknoten, Griffel und Narbe zusammen?*
A: *Blüte* **B:** *Stempel*

4. *Welche Blütenpflanzen blühten im Zeitalter der Dinosaurier?*
A: *Bedecktsamer* **B:** *Nacktsamer*

5.*Wie nennt man die Blüte von Gräsern?*
A: *Dolde* **B:** *Ähre*

6. *Wie werden Gräser bestäubt?*
A: *von Insekten* **B:** *durch den Wind*

7. *Auf welchen Blütenpflanzen wachsen die meisten für uns Menschen geniessbaren Früchte?*
A: *Bedecktsamer* **B:** *Nacktsamer*

8. *Wo wachsen die meisten Pilze?*
A: *auf Wiesen* **B:** *im Wald*

Es grünt und blüht:

Pflanzen

Warum sticht die Brennnessel?

Es gibt Pflanzen, die lassen sich nicht gerne befingern. Manche Pflanzen stellen ihre Berührungsscheu wie ein in die Ecke getriebener Boxer zur Schau. Rosen zeigen ihre Ablehnung mit säbelartig geschwungenen Stacheln und Kakteen sind mit speerförmigen Dornen bewehrt.

»Rate, was ich weiß,
es brennt und ist nicht heiß.«

Der Vers verweist auf eine Pflanze, die jeder irgendwann schon verflucht hat, weil die Haut an den Berührungsstellen noch die halbe Nacht juckt und kribbelt. Die Brennnessel ist gemeinhin eine Pflanze, um die man einen Bogen macht und mit der wohl doch ein jeder über kurz oder lang einmal in Berührung kommt. Das hängt auch damit zusammen, dass die Brennnessel bevorzugt dort Wurzeln schlägt, wo der Mensch zu Hause ist oder seine Spuren hinterlassen hat.

Blätter und Stängel der Brennnessel sind mit Brennhaaren übersät, die der Pflanze ihren berühmt-berüchtigten Namen gegeben haben. Mit dem bloßen Auge kann man diese »Gift« spritzenden Härchen kaum erkennen. Erst wenn man die Brennnessel unter die Lupe nimmt, fallen die haarfeinen Nadeln ins Auge. Berührt man eines der nadelartigen Härchen, bricht die Spitze ab und es sticht zu. Die Brennnessel macht keinen Unterschied zwischen Mensch und Tier. Wer ihr zu nahe kommt, wird gestochen! Dabei ergießt sich eine Juckreiz verursachende Flüssigkeit in die winzige Stichwunde. Es ist ein Gefühl, als würde ein ganzer Bienenschwarm auf einmal auf der Haut tanzen. Die schmerzhafte Erfahrung sitzt von nun an wie ein unsichtbares Brandzeichen im Bewusstsein und lässt uns fortan einen Bogen um diese Peiniger machen. Aber warum halten uns manche Pflanzen mit einer gezielten Dosis Schmerz auf Distanz? Menschen und Tiere können flüchten, sich ver-

***Mutprobe**

Wer es versteht, die Brennnessel richtig anzufassen, den sticht und brennt sie nicht. Wie wäre es also mit einer kleinen Mutprobe? Ziehen Sie die Brennnessel von unten nach oben schnell durch die zur Faust locker geballte Hand, so brennt sie nicht, weil die Brennhaare nach oben weggedrückt werden. Wer traut sich?

stecken und kleinmachen, wenn Gefahr droht. Pflanzen dagegen sind aufs innigste mit ihrem Stückchen Erde verwurzelt. Ihnen ist es nicht möglich davonzulaufen, wenn es ums Gefressenwerden geht. Sie legen sich eine »Rüstung« an, um nicht gefressen zu werden.

Was sind Wetterblumen?

Es gibt Pflanzen und Tiere, die als Wetterpropheten gelten. Der amerikanische Naturforscher A. E. Dolbear nannte in seinem 1897 erschienen Buch »*Die Grille als Thermometer*« solche Tiere »Thermometer des kleinen Mannes«. Tatsächlich nehmen Pflanzen und Tiere oft schon geringste Luftveränderungen wahr und reagieren darauf. Eine Veränderung ihres Aussehens oder ihres Verhaltens ist oft ein Zeichen für einen bevorstehenden Wetterwechsel. Auch bei wetterfühligen Menschen ist dieses Phänomen zu beobachten. Sie reagieren auf äußerlich noch nicht wahrnehmbare Änderungen der meteorologischen Gegebenheiten mit Mattigkeit, Kopfschmerzen oder rheumatischen Beschwerden.

Die Feuchtigkeit der Luft ist meist sehr unterschiedlich. Steigt die Luftfeuchtigkeit, so ist dies ein Anzeichen dafür, dass es Regen geben wird. Einige Pflanzen reagieren auf diese Veränderung der Luftfeuchtigkeit, indem sie ihr Aussehen ändern. Blumen wie der rot blühende Ackergauchheil werden im Volksmund auch Wettergras genannt. Wenn deren Blüten frühmorgens weit geöffnet sind, kann man ziemlich sicher sein, dass es ein sonniger Tag wird. Öffnet sich die Blüte nicht, muss man sich auf Regen einstellen. Wie beim Ackergauchheil zeigt auch die Öffnungsweite der Trichterblüten der Winden, wie das Wetter wird – je weiter, desto schöner.

Beobachtungstipp

Auf die gleiche Weise wie die wetterfühligen Blumen schützt auch der Kiefernzapfen den Samen vor der verderblichen Nässe. Die haltbaren Kiefernzapfen sind zuverlässige natürliche Hygrometer. Solange die Luft feucht ist und sich Regen anmeldet, bleibt der Zapfen geschlossen. Selbst wenn Sie versuchen, den Zapfen mit Gewalt zu öffnen, wird Ihnen dies nicht gelingen. Ändert sich das Wetter und es wird trocken, öffnen sich die Zapfen von allein. Dieses Öffnen und Schließen des Zapfens hat einen einfachen Grund: Die Zapfenschuppen schrumpfen bei Trockenheit und stehen dann steif ab. Wenn die Luftfeuchtigkeit wieder ansteigt, nehmen sie Feuchtigkeit auf, dehnen und schließen sich. Wenn sich der Zapfen schließt, liegt Regen in der Luft.

Winterblumen zehren vom Eingemachten

Winterschlaf im Garten, das ist ein Wintermärchen! Wer im Februar aus dem Fenster in den Garten blickt und nichts Blühendes sieht, ist selber schuld! Denn trotz Schnee lassen es sich einige Pflanzen nicht nehmen, mit ihren farbenfrohen Blüten dem Winter einen Streich zu spielen und schon im Vorfrühling Akzente für Auge und Nase zu setzen. Es sind die kleinen Zwiebelblumen, die »Rosen des Winters«, wie die Christrosen im Volksmund genannt werden, der Winterling, das Vorfrühlings-Alpenveilchen, das Schneeglöckchen oder die buschige Zaubernuss, die trotz Schnee und Kälte ihre gelben Fransenblüten entfaltet.

Die Frühblüher sind allesamt ökologische Spezialisten. Sie haben ihren Entwicklungs- und Blührhythmus exakt auf einen Zeitraum eingerichtet, wo es einerseits nicht mehr allzu eisig, auf der anderen Seite aber auch nicht mehr zu dunkel ist. Sobald die ersten Sonnenstrahlen den Boden an der Oberfläche erwärmen und Wärmeinseln schaffen, schieben die Schneeglöckchen ihre Blattspitzen aus der schneebedeckten Erde. Ein bisschen Wärme reicht aus, um sie aus ihrem unterirdischen Winterschlaf aufzuwecken. In erstaunlich kurzer Zeit können sie Blätter und Blüten entfalten. »Eingemachtes« kommt ihnen dabei zu Gute. Alle Vorfrühlingsblüher besitzen Speicherorgane wie Zwiebeln oder Knollen mit beträchtlichen Stoffreserven. Während andere Pflanzen in den Frühlingswochen zunächst einmal günstige Außentemperaturen abwarten müssen, um Nährstoffe für Wachstum und Entwicklung zu produzieren, können die bunten Winterlinge ans Eingemachte gehen. Von den Vorräten, die sie im vergangenen Jahr gespeichert haben, zehren die Schneeglöckchen, wenn sie Blätter und Blüten treiben. Etwas Schmelzwasser, das in die Erde sickert, reicht für den ersten Durst. Wenn die Blütezeit vorbei ist und die Vorräte verbraucht sind, bilden die Schneeglöckchen in ihren Blättern neue Nährstoffe und füllen die Vorratsspeicher wieder auf. Danach verwelken die Blätter und bald ist von den Schneeglöckchen kein Hälmchen mehr zu sehen.

Die Blüte, das Gesicht der Blume

Zur Blütezeit entfalten sich kunstvolle Blütenkörper und die Farben halten Einzug im Lebenszyklus der Pflanze. Kronblätter, Kelchblätter, Staubblätter und Stempel stellen die Grundelemente der Blüte dar, die von den Pflanzen immer wieder neu in Gestalt und Farbe kombiniert werden. Die blühende Pflanze hat ihre Bescheidenheit abgelegt und zeigt sich nun in ihrer schönsten Gestalt.

Blühen bedeutet Heraustreten aus der Anonymität. Mit der Blüte enthüllt die Pflanze ihr wahres Gesicht. Die Blüte ist ihr Namenszug, ihr unverwechselbarer Fingerabdruck. Eine Pflanze zu benennen, ohne dass man ihre Blüte sieht, ist ebenso schwierig, wie die Identität eines Menschen festzustellen, dessen Gesicht man nicht sieht. Die Blüte ist das Gesicht der Pflanze. Gleich, ob es ei-

***Blumensprache**

Die Blüte ist der älteste und natürlichste Schmuck des Menschen. Die Blume bemächtigt sich der Gedanken und der Sprache und fordert Sinn und Hand auf, sie nachzubilden: an ihr entstand das Ornament und die Metapher wie »etwas durch die Blume sagen«. Die Blumenmetapher durchzieht die menschliche Sprache. Viele Volksnamen heimischer Blumen sind die Erfindungen Verliebter, eine Geheimsprache für Glückliche, Getrennte oder Entzweite: Brennende Liebe, Tränendes Herz, Tausendschön, Mädesüß, Mannstreu, Nachtschatten, … Vergissmeinnicht.

ne kleine oder große Blüte ist, sie ist das Erkennungszeichen der Pflanze, besonders für die bestäubenden Insekten, aber auch für uns Menschen.

Leuchtreklame im Gräsergrün

Wir Menschen betrachten Blumen zu sehr von der ästhetischen Seite. Für eine Pflanze ist die Blüte nur ein Lockmittel, das zielsicher für die Fortpflanzung und die Erhaltung der Art eingesetzt wird. Wie alle Lebewesen können sich auch Pflanzen nur dann fortpflanzen, wenn eine weibliche Keimzelle von einer männlichen befruchtet worden ist. Da Pflanzen sich nicht von der Stelle bewegen können, sind sie bei der Fortpflanzung stets auf fremde Dienste angewiesen. Sie brauchen Helfer, welche den männlichen Pollen der einen Blüte zum weiblichen Teil einer anderen Blüte der gleichen Art transportieren.

Vor Millionen Jahren überließen alle Pflanzen ihre Pollen dem Wind, so wie es die Gräser tun. Doch auf den Wind ist nicht immer Verlass. So treffen männliche Pollen nur per Zufall auf die weibliche Narbe. Irgendwann im Laufe der Evolution begannen Insekten, sich für den nahrhaften Blütenstaub zu interessieren. Dabei wurde Blütenstaub von der einen Pflanze auf den Fruchtknoten einer anderen Pflanze getragen. Dieser Umstand führte dazu, dass sich Pflanzen entwickelten, die sich die Insekten dienstbar machten. Dafür, dass die Insekten den Pollen transportieren, erhalten sie als Entlohnung den Nektar und einen Teil der Pollen.

In das beste Gasthaus finden sich nur dann Gäste ein, wenn ein entsprechendes Hinweisschild über dessen Örtlichkeit informiert. Das heißt, auch Pflanzen leben in einer Welt, in der man sich durch besondere Attraktivität aus der Menge herausheben muss, um Pollenkuriere auf sich aufmerksam zu machen. So haben sich aus den unscheinbaren Blüten der windblütigen Pflanzen jene Blätter, die den pflanzlichen Fortpflanzungsorganen am nächsten standen, zu Blütenblättern umgebildet. Um sich an die unzähligen Bestäuber anzupassen, hat sich eine Vielfalt an Blüten in den unterschiedlichsten Farben, Größen und Formen entwickelt. Keine gleicht der anderen, aber alle haben den gleichen Zweck. Sie wer-

***Blütenstetigkeit**

Blüte und Duft erfüllen zweierlei: zum einen sind sie auffälliges Werbemittel, zum zweiten wirken sie wie ein individuelles Firmenzeichen. Wenn ein Insekt eine lohnende Nektarquelle ausfindig macht, ist ihm daran gelegen, sich auf Blüten derselben Art gütlich zu tun. Dank der Kombination aus Farbe, Form und Duft kann das Insekt artgleiche Pflanzen leicht erkennen. Diese sogenannte *Blütenstetigkeit* liegt wiederum im Interesse der Pflanzen, denn nur dann, wenn sich das Insekt nach dem Blütenbesuch unverzüglich auf die Suche nach einer artgleichen Blüte macht, wird die Befruchtung vollzogen.

ben um Insektenbesuch, um bestäubt zu werden. Blüten sind nichts anderes als Leuchtreklame im Gräsergrün für Insekten. Ohne die Blumen gäbe es somit all die Insekten nicht, die von ihnen leben und ohne die Insektenschar gäbe es kein blühendes Blumenmeer. Wechselwirkungen gibt es zwar überall in der Natur, selten aber sind sie so augenfällig wie zwischen Blütenpflanzen und Insekten.

Warum duften Blumen?

Viele Wiesenblumen begnügen sich nicht nur mit optischer Werbung, die ja nur auf kurze Distanz anspricht. Sie entwickelten zusätzlich auch noch anziehende Duftstoffe, die Insekten auch noch aus großer Entfernung anlocken. Wenn die Wiesenblumen aufblühen, verbreiten sie die Nachricht darüber mit aromatischen Duftstoffen in alle Himmelsrichtungen. Viele Insekten haben einen ausgezeichneten Geruchssinn, der viel empfänglicher ist als die menschliche Nase. Jeder, der schon einmal im Sommer im Freien gegessen hat, weiß, wie schnell Wespen Futterdüfte bemerken und wie aus dem Nichts auftauchen.

Blüten, die verschiedene Insektenarten anlocken, verbreiten in der Regel leichte, süßlich Düfte, die auf eine große Anzahl von

Bestäubern anziehend wirken. Blumen, die sich auf nur einen bestimmten Pollenboten verlassen, erfüllen die Luft mit einem ihnen eigenen Parfum, wie beispielsweise der herb nach Achselschweiß duftende Muskateller-Salbei. Das intensivste Parfum verströmen Blüten, die nachtaktive Falter anlocken, wie die Nachtkerze. Im Dunkel der Nacht ist der Blütenduft der einzige Wegweiser, um Bestäuber wissen zu lassen, wo sich die Nektarbar befindet. Aber nicht alle Blüten verströmen Duftstoffe. Pflanzen, die von Kolibris bestäubt werden, müssen gar nicht duften, denn den leichtgewichtigen Flugkünstlern fehlt der Geruchssinn.

Wie viele Blätter hat der Klee?

Eins, zwei, drei vier! Vier Blätter hat der Glücksklee. Klee (*Trifolium*) ist eine Gattung aus der Unterfamilie der Schmetterlingsblütler (*Faboideae*) der Pflanzenfamilie der Hülsenfrüchte (*Fabaceae*). Der botanische Name leitet sich von der Dreizahl der Blätter ab (lat. tres = drei, folium = Blatt), das heißt, ein Kleeblatt setzt sich üblicherweise aus drei Blättchen zusammen. Aber warum hat der Klee manchmal vier und mehr Blätter? Das Aussehen einer Pflanze ist in einer Art Bauanleitung, der sogenannten DNA, festgelegt. In der Bauanleitung für das Kleeblatt steht, dass es drei Blätter haben soll. Durch einen Gen-Defekt kann es zu Fehlern in der Bauanleitung kommen. Solche Baufehler gibt es recht selten.

Weil vierblättriger Klee nicht leicht zu finden ist, wurde diese Ausnahme auf der Wiese zum Glücksbringer. Für die Kelten war der vierblättrige Klee ein Schutzzeichen. Sie sahen ihn als Symbol für die vier Elemente, Wasser, Erde, Feuer und Luft. Ein Kleeblatt mit vier Blättchen, die ein Kreuz bilden, gilt auch im Christentum als Glückssymbol und soll dem Finder Glück bringen. Das wusste man zu allen Zeiten. Was in Vergessenheit geraten ist – man darf nicht danach suchen. Nur wenn man ihn zufällig findet, ist es ein Glücksklee mit besonderer Kraft, der nicht nur Glück in der Liebe verspricht. Jetzt wissen Sie auch, warum es nichts nützt, sich eine ganze Schale gezüchteten Klees nach Hause zu holen ...

Kletten haben viele Beine!

Da Pflanzen sich nicht wie Tiere von der Stelle bewegen können, haben sie ganz unterschiedliche Methoden zur Verbreitung ihrer Samen entwickelt. Die meisten Pflanzen produzieren Samen in Hülle und Fülle, als Massenwurfsendung, so dass zumindest ein paar auf fruchtbarer Erde landen. Tatsächlich schlagen sie nicht selten Hunderte von Kilometern von der Mutterpflanze entfernt Wurzeln. Sie nutzen dafür vor allem drei Vehikel: Wind, Wasser oder Tiere. Von der Gestalt der Samen kann man oft auf die Art und Weise der Verbreitung schließen. Samen, die mit Schirmen oder Propellern versehen sind, reisen mit dem Wind. Fruchtig verpackte Samen werden von Tieren im Darm transportiert, während hartschalige Samen, wie z.B. von der Hasel- oder Walnuss, nicht selten in einer vergessenen Vorratskammer Wurzeln schlagen oder, wie die Kokosnuss, schwimmend ferne Gestade erreicht.

Wandern Sie im Sommer durch eine Wiese, bleiben garantiert Kletten mit ihren feinen Häkchen an Ihrer Kleidung hängen. Wie kleine, mittelalterliche Morgensterne sehen diese Samenbehältnisse aus. Das Klettanhangprinzip kommt immer dann zum Einsatz, wenn ein Tier im Vorbeigehen zufällig die Pflanze streift. Mit ihren vielen Häkchen bleiben die Kletten im Fell hängen und reisen als blinde Passagiere ein Stück weit mit. Irgendwann wird der haarige Spediteur bei der Fellpflege die anhänglichen Samen herauskratzen. Die Samen haben ihr Ziel erreicht: Sie können anderswo Wurzeln schlagen und eine neue Kolonie gründen. Kletten inspirierten den Ingenieur George de Mestral dazu, den Klettverschluss zu erfinden, bei dem sich feinste Schlaufen aus Nylon im Filz des Gegenstücks verhaken.

Beobachtungstipp

Sammeln Sie nach einem Wiesenspaziergang die verschiedenen Kletten von ihren Kleidern ab und säen Sie diese in einem Blumentopf aus. Sie werden überrascht sein, wie viele Pflanzen sich aus ihnen entwickeln.

* Was stimmt?

1. *Welcher Strauch zaubert von Dezember bis Februar gelbe Fransenblüten ans winterlich kahle Geäst?*
A: Schneeball **B:** Zaubernuss

2. *Welche Pflanze stand Pate für den praktikablen Klettverschluss?*
A: Knopfkraut **B:** Klebriger Salbei **C:** Klette

3. *Mit was sticht die Brennnessel?*
A: mit Dornen **B:** mit Härchen **C:** mit Stacheln

4. *Wie locken Nachtkerzen nachtaktive Insekten zur Bestäubung an?*
A: durch Blütenduft **B:** durch leuchtende Blütenfarben

5. *Welche Farbe trägt die Blüte des wetterfühligen Ackergauchheils?*
A: Blau **B:** Gelb **C:** Rot

In der Erde verwurzelt:

Bäume und Pilze

Was ist ein Baum?

Die größten Lebewesen, die auf der Erde leben, sind Bäume. Der Mammutbaum in den Gebirgen Kaliforniens erreicht eine Höhe von mehr als 100 Meter und wiegt bis zu 6000 Tonnen. Die meisten Bäume auf der Welt sind viel kleiner bis hin zum Bonsai-Miniaturbäumchen, das von Menschenhand gezüchtet wurde. Aber sie haben alle den gleichen Aufbau. Da ist zunächst der Stamm, der im oberen Teil Äste trägt, die sich mehr oder weniger verzweigen und Blätter, Blüten und Früchte tragen. Die Wurzeln bilden das Fundament, das den Baum fest in der Erde verankert und dazu dient, Wasser und die darin gelösten Nährsalze aufzunehmen.

Bäume sind Holzpflanzen. Im Gegensatz zu Gräsern und Kräutern verfestigen Bäume das Innere ihrer Triebe rasch zu Holz und schützen sich gegen Verdunstung und Kälte außen mit Rinde und dicke Borken. So können auch die oberirdischen Teile der Bäume Winterkälte und Trockenzeiten überstehen und bei günstiger Witterung rasch austreiben. Bäume gehören verschiedenen Pflanzenfamilien an. Eine Rosskastanie und eine Kiefer sind so entfernte Verwandte wie eine Fledermaus und ein Vogel. Die einzelnen Baumarten unterscheiden sich durch den Stamm und dessen Rinde sowie die Art, wie ihre Äste und Zweige wachsen und wie sie ihre Nadeln, Blätter, Blüten und Früchte ausbilden. Zu den echten Bäumen zählen alle Laubbäume, die Nadelbäume und der Gingko. Diese drei Baumarten haben alle einen verholzten Stamm. Daneben gibt es drei Lebensformen, die baumartige Formen ausbilden: die Palmen, die Palmfarne und die Baumfarne. Diese drei Arten besitzen kein echtes Holz mit Dickenwachstum. Daher ist der Stammdurchmesser von unten nach oben auch relativ gleichmäßig.

Grüne Fingerabdrücke

Einzel stehende Bäume haben oft eine typische Wuchsform, so dass man schon von weitem erkennt, ob es sich um einen Birnbaum oder eine Linde handelt. Stehen sie mit anderen Bäumen zusammen, verlieren sie ihre typische Form. Dann kann man sie oft erst erkennen, wenn man ihre Blätter betrachtet, denn Blätter sind so etwas wie die Fingerabdrücke der Bäume. Für uns Menschen ist die eigentliche Jahreszeit der Blätter der Herbst, dann, wenn sie sich in einem Farbenfeuerwerk von den Bäumen lösen. Erst wenn die Blätter in ihrer ganzen Farbenpracht vor uns liegen, fällt uns deren schier unerschöpfliche Formenvielfalt auf. Jede Baumart trägt andere Blätter in Form und Größe. Während der Trompetenbaum mit tellergroßen Blättern das Sonnenlicht einfängt, tut die Buche dies mit unzähligen, vergleichsweise kleinen Miniaturblättchen. Ob nun groß oder klein, jedes Blatt erfüllt die gleiche Aufgabe.

Je nach Aussehen unterscheidet man bei den Blättern der Laubbäume zwischen einfachen und zusammengesetzten Blättern, auch Fiederblätter genannt. Bildet das Blatt eine zusammenhängende Fläche, so wird es als einfach bezeichnet. Besteht die Blattfläche aus mehreren Teilen, so spricht man von einem zusammengesetzten Blatt. All diese Blattformen variieren nochmals in der Ausformung des Blattrandes. Des Weiteren unterscheiden sich die Blätter in der Form der Blattspitze sowie der Blattbasis, wo die Spreite in den Blattstiel übergeht. Auch die Äderung der Blätter lässt in ihrer vielfältigen Ausgestaltung kaum ein Muster aus. Nicht zu vergessen, dass es dicke und dünne, zarte und derbe, durchscheinende und lederartige, behaarte und unbehaarte Blätter gibt.

Warum nennt man den Wald »grüne Lunge«?

Bäume stehen von Natur aus selten allein. Bäume prägen das Bild des Waldes und doch ist jeder Wald mehr als die Summe seiner Bäume. Wald, das sind Bäume, die zu einer Lebensgemeinschaft mit anderen Pflanzen und Tieren verwachsen. Zu einer Lebensgemeinschaft gehört, dass sich alle, im Falle der Waldgemeinschaft also auch die Bäume, enger berühren. Bei den Waldbäumen geht das so weit, dass sie sich in ihrem Wachstum gegenseitig beeinflussen. Waldbäume richten sich nach dem Licht aus, wachsen in die Höhe dem Licht entgegen und entwickeln darum eine schlanke Wuchsform. Um die Kraft für das lebenswichtige Höhenwachstum aufzusparen, vernachlässigen sie die Pracht der Baumkrone, insbesondere der unteren Verzweigung, die ihre ganze Wirkung als Einzelbaum ausmacht.

Aus der Gemeinschaft von Bäumen ergeben sich besondere klimatische Bedingungen. Der Wald kühlt, erzeugt Luftbewegungen und Wolken, verhindert das Austrocknen des Bodens, nährt ihn mit seinem Laub, hält ihn mit seinen Wurzeln, reguliert Wasserstände, gibt Nahrung und Schutz für ungezählte Tiere und Pflanzen, schützt im Gebirge vor Geröll- und Schneelawinen und bindet ungeheuere Mengen Staub, sorgt für saubere Luft und ein gutes Klima und wird daher nicht umsonst »grüne Lunge« genannt.

Was sind hölzerne Geschichtsbücher?

Bäume können im Verhältnis zum Menschen uralt werden. 200 Jahre sind für eine Eiche nicht viel, und eine Linde kann 500 oder gar 1000 Jahre alt werden. Bäume wachsen auf zweierlei Weise: es gibt ein Dickenwachstum und ein Längenwachstum. Das Dickenwachstum gibt Auskunft über das Alter der Bäume. Während man junge Teenagerstämmchen noch mit einer Hand umfassen kann, lassen sich uralte Baumriesen nur noch zu mehreren mit ausgestreckten Armen umfassen.

Wenn man einen Stamm oder Ast durchschneidet, zeigt der Querschnitt viele schmale, ineinander liegende Ringe, die Jahresringe. Jedes Jahr setzt ein Baum zwei neue Jahresringe zu. Einen hellen im Frühjahr, einen dunklen im Sommer. Auf der Baumscheibe werden diese Schichten als abwechselnde Ringe von hellem und dunklem Holz sichtbar. Ein heller und ein dunkler Ring entsprechen zusammen einem Wachstumsjahr. Das helle Frühholz eines Jahresringes ist im Frühjahr gewachsen und besteht aus einem weichen, Wasser leitenden Gewebe. Es geht in das wegen seiner engeren Poren festere und dunklere Spätholz über, das im Sommer und Herbst gewachsen ist.

Jahresringe zeichnen das auf, was wirklich zählt, nämlich die jeweiligen Lebensbedingungen auf der Erde. Dabei zählt ein Baumbuch hunderte oder gar tausende von Seiten. Die Jahresringe an der Schnittfläche eines abgesägten Baumes verraten nicht nur sein Alter, sondern erzählen auch von kargen und üppigen, von trockenen und feuchten, von kalten und warmen, von schattigen und sonnigen Jahren. Schmale Ringe berichten von trockenen, mageren Jahre mit schlechten Wachstumsbedingungen. Breite Ringe deuten auf Jahre mit viel Sonne und Regen hin, Jahre, in denen der Baum gut wachsen konnte.

Wieso ist der Ginkgo ein lebendes Fossil?

Uralte Pflanzen sind ein Fenster, durch das wir in die Vergangenheit schauen können und das uns Einsichten in die enormen Vielfalt von Formen erlaubt, die das Leben auf unserer Erde seit seiner Entstehung vor dreieinhalb Milliarden Jahre hervorgebracht hat.

Ein solcher Pflanzenveteran und Überlebender der Dinosaurierzeit ist der Ginkgo (*Ginkgo biloba*), ein Baum, der bis zu 40 Metern in die Höhe wächst. Wie die Farnbäume ist der Ginkgo ein lebendes Fossil, das vor 200 Millionen Jahren, seit dem Trias, weltweit und artenreich verbreitet war. Der Ginkgo ist eine einzigartige Spezies. Er ist eine der ersten Pflanzen, denen es gelang, Lignin (lat. *lignum* »Holz«), einen festen, farblosen Stoff, zu bilden, der die Verholzung der Zellen bewirkt und damit den Baum ermöglicht.

Er ist das einzige lebende Bindeglied zwischen niederen und höheren Pflanzen, zwischen Farnen und Nadelbäumen. Er ist noch kein Blattbaum, obwohl er scheinbar Blätter trägt und auch kein Nadelbaum. Seine nächsten Verwandten sind zwar die Nadelbäume, aber er hat weder Nadeln noch Zapfen. Ginkgos wachsen heutzutage häufig in Parks und Gärten. Man kann einen Ginkgo sehr gut von anderen Bäumen durch seine fächerförmigen und zweigelappten Blätter unterscheiden. Die Blattadern verzweigen sich vom Stielansatz fächerförmig und geben dem Blatt eine Form, dass der Schwanzflosse der Wale ähnelt. Derartige Blätter gibt es bei keinem anderen lebenden Baum. Wer einmal ein Ginkgoblatt gesehen hat, erkennt es immer wieder.

Immergrün

Anders als die Laubbäume, sind die meisten Nadelgehölze immergrün. Nur wenige Arten, wie z.B. die Lärche sind sommergrün, d.h. sie verlieren ihr Laub im Herbst und sind während des Winters blattlos. Die »Nadeln« sind eigentlich Blätter, nur mit einer extrem verkleinerten Oberfläche. Auf diese Weise wird die Verdunstungsfläche minimiert. Zusätzlich sind die dicken Blattnadeln bei den immergrünen Nadelbäumen noch mit einer Wachsschicht überzogen, um Wasserverlust zu verhindern. Da den Nadeln der Lärche dieser feine Wachsüberzug fehlt, wirft sie ihre Nadeln ab, um in der trockenen Frostperiode nicht zu verdursten.

Woher wissen die Bäume, wann sie ihr Laub abwerfen müssen?

Wie merken die Laubbäume, wann es an der Zeit ist, die Blätter abzuwerfen? Das kühlere Herbstwetter könnte so ein Auslösesignal für die Bäume sein. Doch dafür sind, wie jeder weiß, das Wetter und die Temperatur viel zu unzuverlässig. Mal ist es im November noch warm und ein Jahr später stellen sich bereits im Oktober Schnee und Frost ein. Gegen die Launenhaftigkeit des Wetters benötigen die Laub tragenden Gehölze einen genaueren und zuverlässigeren Orientierungspunkt. Tatsächlich sind es die kürzer werdenden Tage, welche die innere Uhr der Bäume ansprechen. Die abnehmende Tageslänge ist ein Umweltfaktor, der sich in jedem Herbst in genau abzusehender Weise einstellt. Laubbäume besitzen einen hervorragend funktionierenden Belichtungsmesser, der genau zwischen Langtagbedingungen und Kurztagverhältnissen unterscheidet. Mit dem Über-

gang vom sommerlichen Langtag in den herbstlichen Kurztag wird das Farbenfeuerwerk des Herbstlaubes eingeläutet.

Warum färben sich im Herbst die Blätter bunt?

Wenn im Herbst die Blätter der Laubbäume in Rot- und Gelbtönen schwelgen, beginnen die Bäume für den Winter vorzusorgen. Sie werfen alle ihre Blätter ab, um sich vor der Kälte des Winters zu schützen. Die Blätter eines Baumes brauchen wie alle Pflanzen Wasser zum Leben. Ein großer Laubbaum verdunstet täglich mehrere hundert Liter Wasser über seine Blätter. Im Winter bei Frost gefriert das Wasser selbst in der Erde. Die Bäume können dann mit ihren Wurzeln nicht mehr genügend Wasser aus der Erde saugen und zu den Blättern pumpen. Die Bäume würden daher im Winter regelrecht verdursten. Um der winterlichen Kälte zu widerstehen, halten die Bäume, wie viele Tiere, »Winterschlaf«. Und wie viele Tiere legt sich jeder Baum für den Winter einen Nahrungsvorrat an. Wenn die Blätter die Farbe wechseln, ist der Baum dabei, den Blättern alle verwertbaren Substanzen, wie Stärke und Stickstoffverbindungen, zu entziehen.

Auch das Blattgrün, das Chlorophyll, wird abgebaut. Im Speichergewebe von Wurzeln, Stamm und Ästen werden all die verwertbaren Stoffe »eingekellert«. Mit dem Schwinden des Blattgrüns kommt die gelbe und rote Farbe des Herbstlaubes zum Vorschein. Beide Farben sind in den Blättern bereits den ganzen Sommer über vorhanden gewesen, nur konnte man sie wegen des grünen Paravents nicht sehen. Sobald der Baum sich aus den Blättern versorgt hat, also seinen Winterspeck angelegt hat, fangen die Blattstiele an, sich von den Zweigen zu lösen.

Fichte oder Tanne?

Fichte (*Picea abies*) und Tanne (*Abies alba*) sind zwei immergrüne Nadelbäume, die leicht verwechselt werden. Vielleicht deshalb haben viele Mitmenschen noch nicht bemerkt, dass die ehemals ausgedehnten Tannenwälder bis auf spärliche Reste verschwunden sind. Trotz der Ähnlichkeit lassen sich beide Bäume auch von Laien mühelos auseinander halten. Ein unübersehbares Unterscheidungsmerkmal sind die Zapfen. Fichtenzapfen hängen am Zweig und fallen unversehrt zur Erde. Tannenzapfen stehen aufrecht und verlieren ihre Schuppen, bis nur die nackten Spindeln übrig bleiben.

Zieht man einen Fichten- oder Tannenzweig durch die hohle Faust, weiß man sofort, um welchen Baum es sich handelt: Die Fichtennadeln sind starr und spitz und verursachen ein unangenehmes Pieksen. Tannennadeln dagegen sind sanft-weiche Handschmeichler.

Versorgungsgemeinschaft

Pilze sind Pflanzen, die fast nur aus einem verzweigten Geflecht feinster Wurzeln bestehen. Das Pilzgeflecht gleicht eher einem chaotischen Knäuel weißer Fäden als einem pflanzlichen Wesen. Wer wie die Pilze in der Erde lebt und nie die Sonne sieht, kann nicht wie alle anderen Pflanzen die zum Leben notwendigen Kohlenhydrate aus Sonne, Kohlendioxid und Wasser selbst herstellen, sondern ist auf andere Lieferanten angewiesen. Pilze können jedoch tote pflanzliche Substanz sehr schnell »aufschließen« und die darin enthaltenen Nährstoffe freisetzen. Vor allem Bäume nutzen diese Spezialbegabung und gehen mit Pilzen eine Art Versorgungsgemeinschaft ein. Als *Mykorrhiza* (vom altgriechischen (mykes) = Pilz und (rhiza) = Wurzel) bezeichnet man die Symbiose von Pilzen und Pflanzen.

Der Pilz umspinnt mit seinen hauchzarten Pilzfäden mantelartig z.B. die Feinwurzeln eines Baumes, versorgt ihn mit Wasser, Mineralsalzen und Stickstoff. Im Gegenzug gibt der Baum mit seinen Wurzeln dem Pilz von den Kohlehydraten ab, die er in seinen Blättern bildet. Durch den Austausch von Nährstoffen profitieren Pilz und Baum gleichermaßen. Über die Jahrtausende des Zusammenlebens haben sich feste Partnerschaften gebildet. Nicht alle, aber viele Pilze sind an bestimmte Baumarten gebunden. So findet man den Birkenröhrling nur unter Birken, Pfifferlinge bevorzugen Kiefern und der Goldröhrling Lärchen.

Warum haben viele Pilze einen Hut?

Die besten Speisepilze gehören zu der Familie der Hutpilze, wie der Steinpilz oder der Wiesenchampignon. Es gibt drei Arten von Hutpilzen: Blätterpilze, Porenpilze und Stachelpilze. Man unterscheidet sie nach dem »*Futter*« des Hutes. Was es mit dem Hut auf sich hat, können Sie mit einem einfachen Versuch feststellen. Legen Sie dazu den abgetrennten Hut eines essbaren Blätterpilzes (lamellenartiges Futter) mit dem Futter auf einen Bogen weißes Papier. Lassen Sie den Hut einen Tag unberührt liegen. Wenn Sie danach den Hut behutsam anheben, sehen Sie, dass sich das Muster des Futters als exakte Kopie der Lamellen auf dem Papier abgebildet hat. Was ist passiert? Zwischen den dünnwandigen Lamellen ist in der Ruhezeit ein feiner Staub herausgerieselt. Dies sind die winzigen Samenkörnchen des Pilzes, die sogenannten *Sporen*. Der Zweck der Sporen ist es, verweht zu werden und an Orte zu gelangen, die für das Wachstum neuer Pilze geeignet sind. Weil das Spiel mit dem Wind immer auch ein Glücksspiel ist, reifen in einem Pilzhut tausende winziger Sporenkörnchen heran.

***Wählerisch**

Wer nun glaubt auf diese Weise mit einem Fingerhut voll Steinpilzsporen schmackhafte Steinpilze in geordneten Reihen im Garten kultivieren zu können, der wird enttäuscht werden. Denn Pilze sind wählerisch bis dorthinaus. Ob sie sich zeigen und wie lange sie bleiben, das entscheiden sie selbst. Es hängt immer davon ab, ob alle ihre Ansprüche an Boden, Temperatur und Feuchtigkeit auf den Punkt genau erfüllt sind.

Wie entsteht ein Hexenring?

Möglicherweise ist der Wald im Herbst am allerschönsten. Dann schwelgt er in tausend Farbtönen. In dieser Zeit geschehen im Wald seltsame Dinge. Wie Hexenwerk mutet es an, wenn unzählige große und kleine Pilze im großen Kreis beieinander stehen. Die ringförmige Ansammlung der »Schirme« und »Hüte« hat in früheren Zeiten die Fantasie und den Aberglauben der Menschen beflügelt. Sie waren überzeugt, dass übernatürliche Kräfte hinter dem Pilzwuchs stecken. Demnach entstanden die Pilzkreise da, wo Elfen und Gnome des Nachts auf den Wiesen und in den Wäldern tanzten.

Heute wissen wir, dass es Elfen und Gnome nicht gibt. Ein Hexenring entsteht aus einer einzigen, winzig kleinen Spore. Diese bildet ein feinmaschiges, wurzelartiges Geflecht, das sogenannte Myzel, das von einem zentralen Punkt aus, gleich schnell, strahlenförmig nach außen wächst. Die ringförmige Stellung der Pilze entsteht dadurch, dass bei gewissen Pilzarten die Fruchtkörper nur am jeweils äusseren Ende des Myzels gebildet werden. In der Regel ist ein Hexenring ein einziger Organismus. Im Allgemeinen haben Hexenringe Durchmesser von 20cm bis zu einigen Metern. Der größte bislang entdeckte Ring maß etwa 150 Meter im Durchmesser. Die Forschung hat ein hohes Alter solcher Ringe nachgewiesen. Viele wachsen schon seit mehreren hundert Jahren an der gleichen Stelle, als Elfen und Gnome noch die Welt verzauberten ...

Wenn die weiße Weste schwarz wird!

Wissen Sie, dass die schwärzeste Pflanzenfarbe in einem weißen Pilz zu finden ist? Gelegentlich von Mai bis September, aber haufenweise von Oktober bis November schiebt der Schopftintling seinen leuchtend weißen, walzenförmigen Kolben durch die wärmende Laubschicht im Herbstwald. Das ist die Zeit der Farbensammler und Tuschezeichner. Denn der Schopftintling verbirgt hinter seiner weißen Weste ein dunkles Geheimnis. Erst wenn der Pilz seinen Schirm öffnet, wird an dessen äußerem Rand, ein glänzend feuchter, Tropfen um Tropfen ausblutender, schwarzer Wulst sichtbar. Um die schwarze Tusche aufzufangen, brauchen Sie kein Eimerchen aufzustellen. An die schwarze Farbe gelangen Sie, wenn Sie einen großen Schopftintling, der seinen Schirm noch nicht entfaltet hat, pflücken und in eine flache Schale legen. Es dauert nicht lange und die ersten schwarzen Farbtropfen sammeln sich am äußeren Lamellenrand. Nach wenigen Stunden liegt der sich auflösende Pilz in einer Pfütze schwarzer Farbe.

* *Was stimmt?*

1. *Welche Form hat ein Ginkgoblatt?*
A: Herzform **B:** Form einer Walfluke **C:** Kleeblattform

2. *Wie alt ist ein Baum mit 286 Wachstumsringen?*

3. *Was ist der Auslöser dafür, dass die Laub tragenden Bäume im Herbst die Blätter abwerfen?*
A: Tageslichtdauer **B:** Temperatur

4. *Durch welchen natürlichen Farbstoff erlangen Pflanzen ihre grüne Farbe?*
A: Pigmente **B:** Chlorophyll

5. *Welcher Nadelbaum verliert im Herbst seine »Blätter«?*
A: Kiefer **B:** Fichte **C:** Lärche

6. *Wie nennt man das gesamte Wurzelgeflecht eines Pilzes?*
A: Myzel **B:** Hyphen

7.*Was ist ein Hexenring?*
A: kreisförmig ausgetretene Grasfläche **B:** kreisförmige Ansammlung von Pilzen

8. *Welche Pflanzen außer den Pilzen, verbreiten ihren Samen ebenfalls mittels Sporen?*
A: Blütenpflanzen **B:** Farnpflanzen

9. *Wie werden Pilzsporen in die Welt getragen?*
A: mit dem Wind **B:** von Ameisen

10. *Wie werden Nadelbäume bestäubt?*
A: vom Wind **B:** von Eichhörnchen und anderen Tieren

* *Was stimmt?*

Die Antworten zu den Kapitel-Fragen

Fauna

1. C: Da Schnecken und Muscheln eher kleine Lebewesen sind, kann es sich nur um einen Vertreter der Tintenfische handeln – der Riesenkalmar (Architeuthis dux) erreicht eine Länge bis zu 18 Metern.

2. C: Mehrere Jahre; als Eintagsfliegen leben die Tiere aber nur wenige Stunden, höchstens einige Tage. Daher auch der Name. Doch tatsächlich ist die Eintagsfliege ein »Methusalem«. Wie viele andere Insekten ist auch sie ein Verwandlungskünstler, der sich mit zwei verschiedenen Körperhüllen auf der Bühne des Lebens tummelt. Vor ihrem kurzen fliegenden Dasein lebt sie als Larve meist gänzlich unbemerkt bis zu 3 Jahre im Wasser.

3. A: Erdmittelalter; die Erdneuzeit, das Känozoikum, begann vor etwa 65 Mio. Jahren und dauert bis in unsere Gegenwart an.

4. B: Nein; der Homo sapiens erschien vor etwa 65.000 Jahren auf der Bühne des Lebens, also etwa 65.000.000 Jahre, nachdem die letzten Saurier von der Bühne abtraten.

5. A, B und **D:** Storch, Taube und Turmfalke sind wie der Haussperling Kulturfolger; es sind Vögel, die aufgrund der vom Menschen verursachten Landschaftsveränderungen wie Siedlungsbau oder Ackerbau dem Menschen in seine Kulturlandschaft folgen.

6. A: Nashorn/Madenhacker **B:** Seenelke/Clownfisch
C: Birke/Birkenröhrling **D:** Rotklee/Hummel

7. B: Mimese; mehr dazu lesen Sie im Beitrag »Versteckspiel«.

8. A: Tageslichtdauer

9. B: Ausscheidung von Läusen

Wirbeltiere

1. A: Nestflüchter: Ente, Feldhase, Elefant, Schildkröte
B: Nesthocker: Katze, Storch, Maus, Igel

2. B: Sasse; *Kobel* nennt man das ausgepolsterte Baumnest des Eichhörnchens.

3. B: Kleiber

4. B: Nein, da sich die Blindschleiche beinlos und schlangenförmig durch die Welt bewegt, wird sie häufig mit Schlangen verwechselt. Blindschleichen sind zwar wie die Schlangen Reptilien (Klasse), werden jedoch nicht den echten Schlangen, sondern den Schleichen (Familie) zoologisch zugeordnet. Im Gegensatz zu den Schlangen haben Blindschleichen Augenlider, die sie bewegen können. Bei Schlangen sind die Augen immer offen, weil sie keine Lider haben.

5. A: Eisbär

6. B: Schweinswal; der Schweinswal gehört wie alle Wale zur Gattung der Säugetiere.

Wirbellose Tiere

1. B: Wirbellose Tiere; Tintenfische sind wirbellose Tiere, die dem Stamm der Weichtiere und dort der Klasse der Kopffüßer zugeordnet werden.

2. B: Nein; Spinnen sind keine Insekten. Sie gehören zwar wie die Insekten zum Stamm der Gliederfüßer, werden aber, wie Zecken und Skorpione, der Klasse der Spinnentiere zugeordnet. Die Krabbeltiere dieser Klasse haben alle acht Beine!

3. C: Wiesenschaumkraut (siehe Beitrag »Wie kommt die Spucke in die Wiese?«)

4. B: Grünlich

5. C: Raupe des Apfelwicklers; bei *Maden* handelt es sich um die Larven von Fliegen.

6. A: Gürtel

7. B: Radula; *Radix* ist das lateinische Wort für Pflanzenwurzel (bayrisch »Radi« für Rettich).

Flora

1. A: Gefäßpflanzen; Gefäßpflanzen sind Pflanzen, die im Pflanzeninnern Wasser und Nährstoffe durch spezielle Leitungsbahnen transportieren. Der Nährstofftransport wird anschaulich unter dem Stichwort »Wiesenzauber« im Beitrag »Wie kommt die »Spucke« in die Wiese?« demonstriert.

2. C: Polster-Kissenmoos; Moose werden den gefäßlosen Pflanzen zugeordnet, da sie wie die Algen kein Leitgewebe für den Nährstofftransport besitzen.

3. B: Stempel; Fruchtknoten, Griffel und Narbe bilden als Stempel die weiblichen Blütenteile.

4. B: Nacktsamer

5. B: Ähre; *»Dolde«* ist die Bezeichnung für einen verzweigten, schirmförmigen Blütenstand, bei dem die Blüten und später die Früchte alle auf derselben Höhe stehen.

6. B: Durch den Wind.

7. A: Bedecktsamer; nur wenige Früchte von Pflanzen der Nacktsamer, wie Pinienkerne und Wachholderbeeren, stehen auf unserer Speisekarte.

8. B: Im Wald, da die meisten Pilzarten in der Versorgungsgemeinschaft mit Bäumen leben.

Pflanzen

1. B: Die Zaubernuss (Hamamelis); der *Schneeball* ist ein Strauch mit weißen, kugelförmigen Blütendolden, die Pate für den Namen standen.

2. C: Klette; 1951 meldete der Schweizer Ingenieur George de Mestral das Patent für den Klettverschluss an.

3. B: Mit Härchen; *Stacheln* wachsen aus dem Hautgewebe (Rinde) und lassen sich leicht abbrechen; *Dornen* werden von Holzpflanzen gebildet. Sie sind wie Äste fest mit dem Holzkörper verbunden und lassen sich nur schwer abbrechen; Blattdornen sind Verdickungen der Blattränder, die sich ebenfalls nur schwer abbrechen lassen.

4. A: Durch Blütenduft; Nachtkerzen verströmen nur nachts einen intensiven Blütenduft.

5. C: Rot; wegen der Blütenfarbe wird der Ackergauchheil im Volksmund auch Roter Gauchheil genannt.

Bäume und Pilze

1. B: Form einer Walfluke; *Fluke*, ist die Bezeichnung für die Schwimmflosse der Wale.

2. 143 Jahre; 286 : 2 = 143, da in jedem Jahr zwei Wachstumsringe gebildet werden.

3. A: Tageslichtdauer

4. B: Chlorophyll; *Pigmente* sind unlösliche Farbstoffe.

5. C: Lärche; die *Lärche* ist ein sommergrüner Baum, der im Spätherbst seine nadelförmigen Blätter abwirft.

6. A: Myzel; *Hyphen* nennt man die fadenförmigen Zellen der Pilze. Das Myzel ist die Gesamtheit der Hyphen, also aller Zellen eines Pilzes.

7. B: Kreisförmige Ansammlung von Pilz-Fruchtkörpern; kreisförmig ausgetretene Grasflächen werden gelegentlich auch als Hexenringe bezeichnet. Sie können in der Brunftzeit der Rehe entstehen, wenn der Rehbock die Ricke treibt.

8. B: Farnpflanzen; andere *Sporenpflanzen* sind Moose, Schachtelhalme und Bärlapppflanzen.

9. A: Mit dem Wind; nur die Stinkmorchel hat eine andere Methode entwickelt: Sie verströmt einen für die menschliche Nase unangenehmen Aasgeruch, der Fliegen anlockt. Die Sporen sitzen in dem nach Aas riechenden Schleim, bleiben an den Fliegenbeinen hängen und werden so von den Fliegen verbreitet.

10. A: Nadelbäume werden vom Wind bestäubt; Nadelbäume sind sogenannte Nacktsamer. Zu den Nacktsamern zählen alle Blütenpflanzen, deren Samenanlage frei auf dem Fruchtblatt liegt, die sogenannten Windblütler. Sie überlassen es dem Wind ihre Samen (Pollen) zu einem anderen Baum ihrer Art zu tragen. Das ist der Grund warum die Nadelbäume keine bunten, auffälligen Blüten besitzen.